Marco Polo

SPANISCH

Sprachführer mit Insider-Tips

MAIRS GEOGRAPHISCHER VERLAG

INHALT

INHALT

Titelbild: IFA Bilderteam/Förster, München;
S. 68, 69: Ali Mitgutsch „Komm mit ans Wasser", „Rundherum in meiner Stadt"
© Ravensburger Buchverlag Otto Maier GmbH
1. Auflage 1995 © Mairs Geographischer Verlag, Ostfildern
© auf der Basis PONS Reisewörterbuch Spanisch
Copyright Ernst Klett Verlag für Wissen und Bildung GmbH, Stuttgart 1992
bearbeitet von Carlos Segoviano
Redaktion: Ernst Klett Verlag für Wissen und Bildung, Stuttgart;
Mairs Geographischer Verlag, Ostfildern; Barbara Pflüger, Stuttgart
Umschlaggestaltung: Thienhaus/Wippermann (Büro Hamburg)
Printed in Germany

Gedruckt auf 100 % chlorfrei gebleichtem Papier

Aussprache

- Alle Vokale sind offen und halblang und müssen deutlich ausgesprochen werden.
- **a, e** und **o** bilden zusammen mit **i, y** oder **u** einen Doppellaut: f**ue**go Feuer; h**oy** heute.

b,p	weicher als im Deutschen	bien; pie
b,v	beide werden identisch ausgesprochen; weich, zwischen den Lippen	buen vino nuevo
c	wie deutsches „k" (ohne Hauch): vor „a,o,u" und vor Konsonanten stimmloser Lispellaut (stärker als englisch „th"): vor „e,i"	creo; casa cura cenicero gracias
ch	stimmloses deutsches „dsch"	muchacho
d,t	viel weicher als im Deutschen	día; toro
g	wie deutsches „g": vor „a,o,u" und vor Konsonanten wie deutsches „ch" bei „Bach": vor „e,i"	guardia gorra gitano gente
gue, gui	das „u" ist immer stumm; wie deutsches „g"	seguir guitarra
h	immer stumm	hora
j	immer wie deutsches „ch" bei „Bach"	jardín naranja
ll,y	wie hartes deutsches „j" zwischen Vokalen	yo llevo guerrilla
ñ	wie „gn" bei „Champagner"	niño
que, qui	das „u" ist immer stumm; wie deutsches „k"	porque quiero

rr	stark gerolltes Zungen-r	perro
r	stark gerolltes Zungen-r: am Anfang und am Ende eines Wortes auch wie „rr“ vor oder nach Konsonanten	rosa dolor muerte madre
r	leichtes Zungen-r: zwischen zwei Vokalen eines Wortes	caro pera
s	immer stimmlos, wie deutsches „ss“	casa; sala
z	stimmloser Lispellaut (stärker als englisches „th“)	Zaragoza jerez

Betonung und Akzent

- Bei Wörtern, die auf *Vokal*, auf *„n“* oder auf *„s“* enden, wird die **vorletzte Silbe** betont: mẹsa, Cạrmen.
  Eine andere Betonung bedarf des graphischen Akzents:
  café, después.
- Bei Wörtern, die auf *Konsonant* (außer „n,s“) enden, wird die **letzte Silbe** betont: cantạr, doctọr.
  Eine andere Betonung bedarf des graphischen Akzents:
  fácil, huésped.
- Auf der **drittletzten Silbe** betonte Wörter haben immer graphischen Akzent: música, médico, artístico.
- **Frage- und Ausrufewörter** haben immer Akzent:
  quién, cómo, qué bonito.
- **Einige einsilbige Wörter** haben – zur Unterscheidung von anderen mit der gleichen Schreibweise – immer Akzent:
  mí; tú; él; sí; sé; más.
- **í** bzw. **ú** bei Trennung des Doppellauts: día, púa, país.

Weiblich oder männlich?

In der Regel sind Substantive mit der Endung **-o** männlich (**el** amig**o** – der Freund), mit der Endung **-a** weiblich (**la** señor**a** – die Frau). Nur bei Abweichungen von dieser Regel (**el** cur**a** der Priester) und bei anderen Endungen wird das Geschlecht der Substantive angegeben.

Das spanische Alphabet

A	a	[a]	J	j	[chota]	R	r	[ärre]
B	b	[be]	K	k	[ka]	S	s	[ese]
C	c	[θe]	L	l	[ele]	T	t	[te]
CH	ch	[tsche]	LL	ll	[eje]	U	u	[u]
D	d	[de]	M	m	[eme]	V	v	[ube]
E	e	[e]	N	n	[ene]	W	w	[ube doble]
F	f	[efe]	Ñ	ñ	[enje]	X	x	[ekis]
G	g	[che]	O	o	[o]	Y	y	[igrjega]
H	h	[atsche]	P	p	[pe]	Z	z	[θeta]
I	i	[i]	Q	q	[ku]			

- [θ] ist ein stimmloser Lispellaut, härter als das englische „th"

Abkürzungen

adj	Adjektiv, Eigenschaftswort	adjetivo
adv	Adverb, Umstandswort	adverbio
alg	jemand	alguien
Am	lateinamerikanisch	latinoamericanismo
conj	Konjunktion, Bindewort	conjunción
el	Elektrotechnik, Elektrizität	electricidad
f	Femininum, weiblich	femenino
m	Maskulinum, männlich	masculino
n	Neutrum, sächlich	neutro
pers prn	Personalpronomen	pronombre personal
pl	Plural, Mehrzahl	plural
poss prn	Possesivpronomen, besitzanzeigendes Fürwort	pronombre posesivo
prp	Präposition, Verhältniswort	preposición
sing	Singular, Einzahl	singular
tele	Telefon, Telegraf	teléfono, telégrafo
v	Verb, Zeitwort	verbo

Wie man Freunde gewinnt

Ja.	Sí.
Nein.	No.
Bitte.	*(als Aufforderung)* Por favor; *(als Antwort auf Danke!)* De nada.
Danke.	Gracias.
Bitte schön.	De nada.
Wie bitte?	¿Cómo dice?
Selbstverständlich.	Desde luego.
Einverstanden!	¡De acuerdo!
In Ordnung!	¡Está bien!
Verzeihung!	¡Perdón!
Einen Augenblick, bitte.	Un momento, por favor.
Ich möchte...	Quisiera ..., Me gustaría ...
Gibt es ...?	¿Hay ...?
Hilfe!	¡Ayuda!, ¡Socorro!

Wer?	¿Quién?
Was?	¿Qué?
Welche(-r, -s)?	¿Quién?/¿Qué?
Wem?	¿A quién?
Wen?	¿A quién?
Wieviel?	¿Cuánto?
Wie viele?	¿Cuántos?
Wie?	¿Cómo?
Warum? Weshalb?	¿Por qué?
Wofür? Wozu?	¿Para qué?
Wo?	¿Dónde?
Woher?	¿De dónde?
Wohin?	¿Adónde?
Wann?	¿A qué hora?
Wie lange?	¿Cuánto tiempo?

Begrüßung

Mit *buenos días* begrüßt man sich bis zum Mittagessen (ca. 14 Uhr), mit *buenas tardes* am Nachmittag bis zum Anbruch der Dunkelheit; und danach mit *buenas noches*, auch wenn man noch nicht schlafen geht.

KENNENLERNEN

GUTEN TAG!	¡BUENOS DÍAS!/¡BUENAS TARDES!
Guten Morgen!	¡Buenos días!
Guten Abend!	¡Buenas tardes!/¡Buenas noches!
Hallo!/Grüß dich!	¡Hola! ¿Qué tal?
Wie ist Ihr Name, bitte?	¿Cómo se llama usted, por favor?
Wie heißt du?	¿Cómo te llamas?

MEIN NAME IST ...	ME LLAMO ...
Es freut mich, Sie kennenzulernen.	(Tengo) Mucho gusto en conocerle.
Darf ich bekannt machen? Das ist ...	Le/Te presento ...
Frau X.	a la señora X.
Fräulein X.	a la señorita X.
Herr X.	al señor X.
Wie geht es Ihnen?	¿Qué tal está usted?
Wie geht's?	¿Qué tal?
Danke. Und Ihnen/dir?	Bien, gracias. ¿Y usted/tú?
Woher kommen Sie/kommst du?	¿De dónde es usted/eres?
Ich bin aus ...	Soy de ...
Sind Sie allein?	¿Está usted solo/sola?
Bist du allein?	¿Estás solo/sola?
Wie alt sind Sie/bist du?	¿Qué edad tiene usted/tienes?
Ich bin 39.	Tengo treinta y nueve años.

Anrede

"Don" und *"Doña"*, gefolgt vom Vornamen, wird für bekannte und respektierte Personen und auch in offiziellen Schreiben verwendet.

JA, BITTE	SÍ, POR FAVOR
Darf ich Sie um einen Gefallen bitten?	¿Puedo pedirle un favor?
Gestatten Sie?	¿Permite?
Können Sie mir bitte helfen?	¿Puede usted ayudarme, por favor?

DANKE	GRACIAS
Vielen Dank.	Muchas gracias.
Danke, sehr gern.	Gracias, con mucho gusto.
Nein, danke.	No, muchas gracias.
Danke, gleichfalls!	Gracias, igualmente.
Das ist nett, danke.	Gracias, es muy amable de su parte.
Mit Vergnügen.	Con (mucho) gusto.
Vielen Dank für Ihre Hilfe/Mühe.	Muchas gracias por su ayuda/interés.
Bitte sehr.	De nada.
Gern geschehen.	No hay de qué.

ENTSCHULDIGUNG!	¡PERDÓN!
Das tut mir leid.	Lo siento mucho.
Schade!	¡Qué pena!

WIE BITTE?	¿CÓMO DICE/DICES?
Ich verstehe Sie/dich nicht. Bitte, wiederholen Sie/wiederhole es.	No le/la/te entiendo. ¿Puede/Puedes repetir, por favor?
Bitte sprechen Sie/sprich etwas langsamer.	Por favor, hable/habla un poco más despacio.
Ich verstehe.	Entiendo.
Ich spreche nur wenig ...	Hablo sólo un poco de ...
Schreiben Sie/Schreibe es mir bitte auf!	Escríbamelo/Escríbemelo, por favor.

VERABREDUNG/FLIRT	CITA/LIGUE
Haben Sie für morgen schon etwas vor?	¿Tiene usted algún plan para mañana?
Hast du für morgen schon etwas vor?	Tienes algún plan para mañana?
Wollen wir zusammen hingehen?	¿Vamos juntos?
Wann treffen wir uns?	¿A qué hora nos encontramos?
Sind Sie verheiratet?	¿Está usted casado/casada?
Hast du einen Freund/eine Freundin?	¿Tienes novio/novia?
Ich habe mich den ganzen Tag auf Sie/dich gefreut.	Le/Te he esperado con ansia todo el día.
Du hast wunderschöne Augen.	Tienes unos ojos bellísimos.
Es ist toll, mit dir zusammenzusein.	Es una maravilla estar contigo.
Ich liebe dich!	¡Te quiero!
Ich habe mich in dich verliebt.	Me he enamorado de ti.
Ich mich auch in dich.	Yo también de ti.
Es tut mir leid, aber ich bin nicht in dich verliebt.	Lo siento, pero yo no estoy enamorado/-a de ti.
Ich möchte gerne die Nacht mit dir verbringen.	Me gustaría pasar la noche contigo.
Gehen wir zu dir oder zu mir?	¿Vamos a tu casa o a la mía?
Ich möchte mit dir schlafen.	Quiero dormir contigo.
Ich habe keine Lust dazu.	No tengo ganas.

Phänomenal

Sie können Ihrer Freude, Begeisterung oder Sympathie auch auf folgende Weise Ausdruck verleihen:

¡espléndido/estupendo/fenomenal/sensacional!	*Spitze!*
¡Es bárbaro/guay!	*Das ist ja geil!*
¡Qué mono/gracioso/cuco!	*Wie süß!*
¡Me gusta/gustas con delirio!	*Ich finde das/dich affengeil!*
¡Esta chica es una pasada!	*Diese Frau ist einfach irre!*
¡Es un tío estupendo!	*Das ist ein toller Typ!*
Es muy simpático,-a.	*Er/sie ist echt nett.*
Eres muy majo,-a.	*Du bist echt nett.*

Einen Kürbis bekommen?!

Wenn Sie Ihren Gesprächspartner bzw. Ihre Gesprächspartnerin auf diese Weise abblitzen lassen, dann haben Sie Kürbisse vergeben: *"dar calabazas a alguien"* heißt *„jemandem einen Korb geben"*.

Ich will nicht.	No quiero.
Hör sofort auf!	¡Basta ya!
Aber nur mit Kondom.	Pero sólo con condón.
Hast du Kondome?	¿Tienes condones?
Darf ich Sie/dich nach Hause bringen?	¿Puedo acompañarla/acompañarle/acompañarte a casa?
Bitte geh jetzt!	¡Por favor, vete ahora!
Lassen Sie mich bitte in Ruhe!	¡Por favor, déjeme en paz!
Hau ab!	¡Lárgate!

AUF WIEDERSEHEN!	¡HASTA LA VISTA!/¡ADIÓS!
Bis bald!	¡Hasta pronto!
Bis später!	¡Hasta luego!
Bis morgen!	¡Hasta mañana!
Gute Nacht!	¡Buenas noches!
Tschüß!	¡Adiós!/¡Hasta luego!
Alles Gute!	¡Que le/te vaya bien!
Gute Reise!	¡Buen viaje!

HERZLICHEN GLÜCKWUNSCH!	¡MI MÁS CORDIAL FELICITACIÓN/ENHORABUENA!
Alles Gute!	¡Que le/te vaya bien!
Alles Gute zum Geburtstag/Namenstag!	Muchas felicidades en el día de su/tu cumpleaños/santo.
Viel Erfolg!	¡Mucho éxito!
Viel Glück!	¡Mucha suerte!
Hals und Beinbruch!	¡Buena suerte!
Gute Besserung!	¡Que se mejore!/¡Que te mejores!
Schöne Feiertage!	¡Felices fiestas!

"Enhorabuena" sagt man, wenn jemand etwas „geleistet" hat: eine Prüfung bestanden, ein Kind zur Welt gebracht ...
Zum Geburtstag oder Namenstag hingegen beglückwünscht man sich mit *"Felicidades"*.

WO GEHT'S LANG?

Bitte, wo ist ...?	Perdón, señora/señorita/señor, ¿dónde está ...?
Können Sie mir sagen, wie ich nach ... komme?	¿Podría decirme cómo se va a ...?
Tut mir leid, das weiß ich nicht.	Lo siento, pero no lo sé.
Welches ist der kürzeste Weg nach/zu ...?	¿Cuál es el camino más corto para ir a ...?
Wie weit ist es zum/zur ...?	¿Cuánto se tarda en llegar a ...?
Es ist (nicht) weit.	(No) está lejos.
Gehen Sie geradeaus.	Todo seguido (*Am* derecho).
Gehen Sie nach links/ nach rechts.	Tuerza (*Am* Doble) a la izquierda/ derecha.
Erste/Zweite Straße links/rechts.	La primera/segunda calle a la izquierda/a la derecha.
Überqueren Sie ...	Atraviese ...
die Brücke.	el puente.
den Platz.	la plaza.
die Straße.	la calle.
Dann fragen Sie noch einmal.	Luego pregunte usted otra vez.
Sie können es nicht verfehlen.	No es posible equivocarse.
Sie können ... nehmen.	Puede usted tomar ...
den Bus	el autobús.
die Straßenbahn	el tranvía.
die U-Bahn	el metro.

Spanisch ist (nicht immer) gleich Lateinamerikanisch!

Um auch Ihre Verständigung in Lateinamerika zu erleichtern, sind allgemeine Lateinamerikanismen in Klammern *(Am)* angegeben

ZEIT

UHRZEIT	LA HORA
Wieviel Uhr ist es?	**¿Qué hora es?**
Es ist (genau/ungefähr) ...	Son (exactamente/aproximadamente) ...
 3 Uhr.	las tres.
 5 nach 3.	las tres y cinco.
 3 Uhr 10.	las tres y diez.
 Viertel nach 3.	las tres y cuarto.
 halb 4.	las tres y media.
 Viertel vor 4.	las cuatro menos cuarto.
 5 vor 4.	las cuatro menos cinco.
 12 Uhr mittag/ Mitternacht.	las doce del mediodía/ de medianoche.
Um wieviel Uhr?/Wann?	**¿A qué hora?/¿Cuándo?**
Um 1 Uhr.	A la una.
Gegen 4 Uhr.	Alrededor de las cuatro.
In einer Stunde.	Dentro de una hora.
Nicht vor 9 Uhr morgens.	No antes de las nueve de la mañana.
Nach 8 Uhr abends.	Después de las ocho de la tarde.
Zwischen 3 und 4.	Entre las tres y las cuatro.
Wie lange?	**¿Cuánto tiempo?**
Zwei Stunden (lang).	(Durante) dos horas.
Von 10 bis 11.	Desde las diez hasta las once.
Bis 5 Uhr.	Hasta las cinco.
Seit wann?	**¿Desde cuándo?**
Seit 8 Uhr morgens.	Desde las ocho de la mañana.
Seit einer halben Stunde.	Desde hace media hora.

SONSTIGE ZEITANGABEN	OTRAS INDICACIONES DE TIEMPO
abends	por la tarde
alle halbe Stunde	cada media hora
alle zwei Tage	cada dos días
am Sonntag	el domingo

am Wochenende	el fin de semana
bald	pronto
diese Woche	esta semana
gegen Mittag	hacia mediodía
gestern	ayer
heute	hoy
in 14 Tagen	dentro de quince días
innerhalb einer Woche	en una semana
jeden Tag	todos los días, cada día
jetzt	ahora
kürzlich	hace poco (*Am* recién)
letzten Montag	el lunes pasado
manchmal	a veces, algunas veces
mittags	a mediodía
morgen	mañana
morgens	por la mañana
nachmittags	por la tarde
nächstes Jahr	el año que viene
nachts	por la noche
stündlich	cada hora
täglich	a diario, todos los días
übermorgen	pasado mañana
von Zeit zu Zeit	de vez en cuando
vor zehn Minuten	hace diez minutos
vorgestern	anteayer
vormittags	por la mañana

DATUM — FECHA

Den Wievielten haben wir heute?	¿Qué día es hoy?/¿A cuántos estamos?
Heute ist der 1. Mai.	Hoy es el primero/uno de mayo.

> Das Datum wird immer durch Grundzahlen angegeben: *"el tres de julio" – „der dritte Juli".* Nur für den 1. eines jeden Monats kann man die Ordungszahl *"primero"* verwenden: *"el primero de agosto" – „der erste August".*

WOCHENTAGE — LOS DÍAS DE LA SEMANA

Montag	el lunes
Dienstag	el martes
Mittwoch	el miércoles
Donnerstag	el jueves
Freitag	el viernes
Samstag	sábado
Sonntag	domingo

MONATE — LOS MESES

Januar	enero	Juli	julio
Februar	febrero	August	agosto
März	marzo	September	septiembre
April	abril	Oktober	octubre
Mai	mayo	November	noviembre
Juni	junio	Dezember	diciembre

JAHRESZEITEN — LAS ESTACIONES DEL AÑO

Frühling	primavera	Herbst	otoño
Sommer	verano	Winter	invierno

FEIERTAGE — LOS DÍAS DE FIESTA/FESTIVOS

Neujahr	Añonuevo
Dreikönigstag	los Reyes Magos, Epifanía
Karneval	el Carnaval
Aschermittwoch	el miércoles de ceniza
19. März (Hl. Josef)	San José
Gründonnerstag	el Jueves Santo
Karfreitag	el Viernes Santo
Ostern	Pascua (de Resurrección)
Ostermontag	el Lunes de Pascua
1. Mai	el Día del trabajo
Christi Himmelfahrt	La Ascensión
Pfingsten	Pentecostés
Fronleichnam	el Corpus (Christi)
24. Juni (Johannisfest)	San Juan
Maria Himmelfahrt (15. August)	La Asunción
12. Oktober	el Día de la Hispanidad
Allerheiligen (1. November)	Todos los Santos
Allerseelen (2. November)	el Día de los Difuntos
6. Dezember (Tag der Verfassung)	el Día de la Constitución
8. Dezember	la Inmaculada (*Am* el día de la Virgen)
Heiliger Abend	Nochebuena
Weihnachten	Navidad
Silvesterabend	Añoviejo

Am 6. Januar bescheren *los Reyes Magos, die Heiligen Drei Könige* (oder wörtlich: *„Zauberkönige"*), die Spanier noch einmal ganz groß.

WETTER

Wie wird das Wetter heute?	¿Qué tiempo tendremos hoy?
Es bleibt schön/schlecht.	Seguirá el buen/mal tiempo.
Es wird wärmer/kälter.	Va a hacer más calor/más frío.
Es soll regnen/schneien.	Va a llover/nevar.
Es ist kalt/heiß/schwül.	Hace frío/calor/bochorno.
Wieviel Grad haben wir heute?	¿Qué temperatura hace hoy?
Es ist 20 Grad Celsius.	Hace veinte grados (centígrados).

bewölkt	nublado
Blitz	rayo
Donner	trueno
Ebbe	marea baja
Flut	marea alta
Frost	helada
Gewitter	tormenta
Glatteis	la superficie helada
heiß	cálido, caluroso
Hitze	el calor
Hoch	el anticiclón
kalt	frío
Klima	el clima
Luft	el aire
naß	húmedo
Nebel	niebla
Pulverschnee	la nieve polvo
Regen	lluvia
regnerisch	lluvioso
Schnee	la nieve
schwül	bochornoso
Sonne	el sol
sonnig	soleado
sternenklar	estrellado
Temperatur	temperatura
Tief	el ciclón
Trockenheit	sequía
Überschwemmung	la inundación
warm	caliente, cálido
wechselhaft	inestable
Wetter|bericht	el boletín meteorológico
~vorhersage	la predicción del tiempo
Wind	viento
Wolke	la nube

Wie weit ist es noch?

... MIT DEM AUTO/MOTORRAD/FAHRRAD

ENTSCHULDIGUNG, WIE KOMME ICH NACH ...?	PERDÓN, ¿CÓMO SE VA A ...?
Wie weit ist das?	¿A qué distancia está?
Bitte, ist das die Straße nach ...?	Perdón, señora/señorita/señor, ¿es ésta la carretera de ...?
Wie komme ich zur Autobahn nach ...?	¿Cómo se va a la autopista de ...?
Immer geradeaus bis ... Dann ... bei der Ampel an der nächsten Ecke links/rechts abbiegen.	Todo seguido (*Am* derecho) hasta ... Luego ... en el semáforo en la primera esquina tuerza (*Am* doble) a la izquierda/derecha.

VOLLTANKEN, BITTE.	LLENO, POR FAVOR.
Wo ist bitte die nächste Tankstelle?	¿Dónde está la estación de servicio más cercana, por favor?
Ich möchte ... Liter ... Normalbenzin. Super. Diesel. ... bleifrei. ... verbleit. ... mit ... Oktan.	Quisiera ... litros de ... gasolina normal. súper. diesel. ... sin plomo. ... con plomo. ... de ... octanos.
Prüfen Sie bitte ... den Ölstand. den Reifendruck.	¿Quiere comprobar ... el nivel del aceite? la presión de las ruedas?
Sehen Sie auch das Kühlwasser nach.	Controle también el agua del radiador, por favor.

PARKEN	APARCAMIENTO
Gibt es hier in der Nähe eine Parkmöglichkeit?	Perdón, señora/señorita/señor, ¿hay algún sitio para aparcar por aquí cerca?
Kann ich den Wagen hier abstellen?	¿Puedo dejar el coche aquí?

ICH HABE EINE PANNE	TENGO UNA AVERÍA
Ich habe einen Platten.	Tengo una rueda pinchada.
Würden Sie mir bitte einen Abschleppwagen schikken?	¿Pueden ustedes enviarme un coche-grúa?
Könnten Sie mir mit Benzin aushelfen?	¿Podría usted darme un poco de gasolina, por favor?
Könnten Sie mir beim Reifenwechsel helfen?	¿Podría usted ayudarme a cambiar la rueda?
Würden Sie mich bis zur nächsten Werkstatt abschleppen?	¿Puede usted remolcarme hasta el taller más próximo?

WO IST HIER IN DER NÄHE EINE WERKSTATT?	PERDÓN, SEÑOR/SEÑORA/SEÑORITA, ¿HAY ALGÚN TALLER POR AQUÍ CERCA?
Mein Wagen springt nicht an.	Mi coche no arranca.
Die Batterie ist leer.	La pila está agotada.
Mit dem Motor stimmt was nicht.	El motor no funciona bien.
Die Bremsen funktionieren nicht.	Los frenos no funcionan bien.
... ist/sind defekt.	... está/están estropeado/s.
Der Wagen verliert Öl.	El coche pierde aceite.
Können Sie mal nachsehen?	¿Puede usted mirar, por favor?
Wechseln Sie bitte die Zündkerzen aus.	Cambie las bujías, por favor.
Was wird es kosten?	¿Cuánto costará?

ES IST EIN UNFALL PASSIERT | HA HABIDO UN ACCIDENTE

Rufen Sie bitte schnell ... einen Krankenwagen. die Polizei. die Feuerwehr.	Llame enseguida ... una ambulancia. a la policía. a los bomberos.
Haben Sie Verbandszeug?	¿Tiene usted botiquín de urgencia?
Es war meine Schuld./ Es war Ihre Schuld.	Ha sido por mi culpa./ Ha sido por su culpa.
Sollen wir die Polizei holen, oder können wir uns so einigen?	¿Llamamos a la policía o lo arreglamos entre nosotros?
Ich möchte den Schaden durch meine Versicherung regeln lassen.	Mi seguro se encargará de los daños.
Geben Sie mir bitte ... ... Ihren Namen und Ihre Anschrift. ... Namen und Anschrift Ihrer Versicherung.	¿Puede usted darme ... ... su nombre y dirección? ... el nombre y dirección de su compañía de seguros?
Vielen Dank für Ihre Hilfe.	Muchas gracias por su ayuda.

AUTO-/MOTORRAD-/ FAHRRADVERMIETUNG | ALQUILER DE AUTOMÓVILES/MOTOS/ BICICLETAS

Ich möchte für ... Tage/ eine Woche ... mieten. einen (Gelände-)Wagen ein Motorrad ein Moped ein Mofa einen Roller ein Fahrrad	Quisiera alquilar por ... días/ una semana ... un coche (todo terreno). una moto. un ciclomotor. un velomotor. un motoscooter. una bicicleta.
Wie hoch ist die Tages-/ Wochenpauschale?	¿Qué tarifa se paga por un día/ por una semana?
Wieviel verlangen Sie pro gefahrenen km?	¿Cuánto se paga por cada kilómetro de recorrido?
Ist das Fahrzeug vollkaskoversichert?	¿Está el vehículo asegurado a todo riesgo?
Ist es möglich, das Auto/ das Motorrad in ... abzugeben?	¿Es posible entregar el coche/la moto en ...?

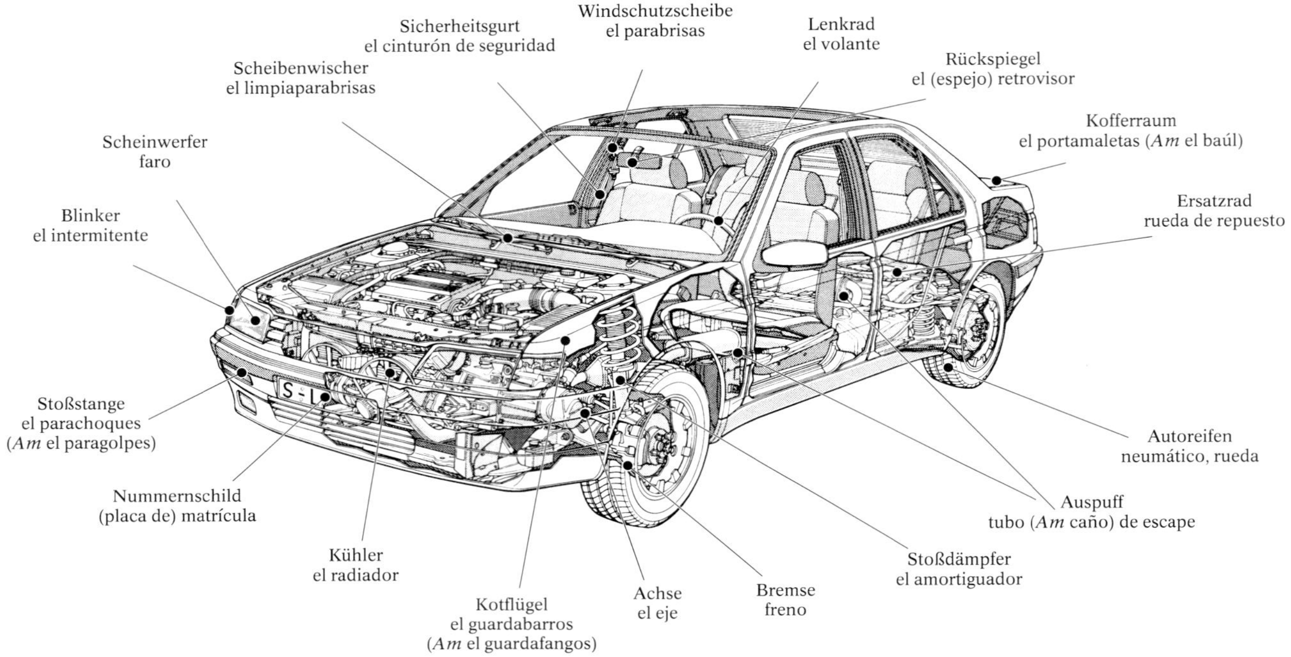
Sicherheitsgurt
el cinturón de seguridad
Windschutzscheibe
el parabrisas
Lenkrad
el volante
Scheibenwischer
el limpiaparabrisas
Rückspiegel
el (espejo) retrovisor
Scheinwerfer
faro
Kofferraum
el portamaletas (*Am* el baúl)
Blinker
el intermitente
Ersatzrad
rueda de repuesto
Stoßstange
el parachoques
(*Am* el paragolpes)
Autoreifen
neumático, rueda
Nummernschild
(placa de) matrícula
Auspuff
tubo (*Am* caño) de escape
Kühler
el radiador
Stoßdämpfer
el amortiguador
Kotflügel
el guardabarros
(*Am* el guardafangos)
Achse
el eje
Bremse
freno

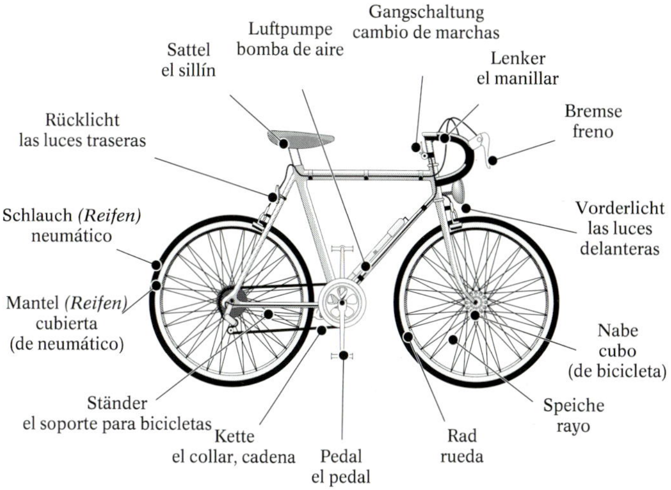

abbiegen	torcer
Abblendlicht	la luz de cruce
abschleppen	remolcar
Abschlepp|seil	el cable de remolque
~wagen	grúa, el coche-grúa
Ampel	semáforo, disco
Anlasser	el motor de arranque
Autobahn	autopista
Automatik(getriebe)	cambio automático
Baustelle	(las) obras
Benzin	gasolina
~kanister	el bidón (*Am* el tanque) de gasolina
~pumpe	bomba de gasolina
Brems|belag	ferodo
~lichter	las luces de frenado
Bußgeld	multa
Defekt	avería, defecto
Dichtung	junta
Fahrrad	bicicleta
Fahrspur	pista
Fehlzündung	encendido defectuoso
Felge	llanta
Fernlicht	la luz de carretera
Flickzeug	los parches y el pegamento
Führerschein	permiso/el carnet de conducir
Fußbremse	freno de pie

auf Straßenschildern ...

accidente en cadena	Auffahrunfall
aparcamiento (*Am* playa de estacionamiento)	Parkplatz
atención	Achtung
bajada peligrosa	Starkes Gefälle
calzada en mal estado	Schlechte Fahrbahn
callejón sin salida	Sackgasse
cambio de pista	Fahrbahn wechseln
cerrado al tráfico	Gesperrt für alle Fahrzeuge
circulación doble	Gegenverkehr
circunvalación	Umgehungsstraße
conducir por la derecha	Rechts fahren
cruce	Kreuzung
curva peligrosa	Gefährliche Kurve
dejar libre la salida	Ausfahrt freihalten
desembocadura de una calle	Straßeneinmündung
desviación	Umleitung
dirección única	Einbahnstraße
disminuir la marcha	Langsamer fahren
escuela	Schule
estacionamiento	Parkplatz
estrechamiento de la calzada	Fahrbahnverengung
fin de la prohibición de estacionar	Ende des Parkverbots
garaje-aparcamiento	Parkhaus
hospital	Krankenhaus
límite de velocidad	Geschwindigkeitsbegrenzung
niños	Schulkinder
obras	Straßenarbeiten
paso a nivel sin barrera	Unbeschrankter Bahnübergang
paso de peatones/de cebra	Zebrastreifen
peligro	Gefahr
pista de bicicletas	Radweg
precaución	Vorsicht
prohibido adelantar	Überholen verboten
prohibido aparcar	Parken verboten
prohibido detenerse	Halten verboten
prohibido el tráfico (*Am* tránsito)	Gesperrt für alle Fahrzeuge
prohibido girar a la derecha	Rechtsabbiegen verboten
prohibida la entrada	Keine Einfahrt
prohibido virar	Wenden verboten
puente	Brücke
respetar la precedencia	Vorfahrt beachten
salida	Ausfahrt
semáforo	Verkehrsampel
tomar la fila de la izquierda	Links einordnen
tráfico (*Am* tránsito) giratorio	Kreisverkehr
túnel	Tunnel
zona azul	Kurzparkzone
zona de peatones	Fußgängerzone

Gang	marcha, la velocidad
Gangschaltung	cambio de marchas
Gaspedal	el pedal del gas
gebrochen	roto
Gepäckträger	mozo
Getriebe	caja de cambio
Handbremse	freno de mano
Heizung	la calefacción
Hupe	bocina, el claxon
Kabel	el cable
Karosserie	carrocería
Keilriemen	correa trapezoidal (*Am* correa en V)
Klingel	el timbre
Kreuzung	el cruce
Kühlwasser	(el) agua del radiador
Kupplung	el embrague
Kurve	curva
Kurzschluß	cortocircuito
Landstraße	carretera
Lastwagen	el camión
Lichtmaschine	la dínamo
Motor	el motor
~haube	el capó, capota
~rad	la moto(cicleta)
~roller	el escúter, el scooter
Notrufsäule	el poste de socorro
Oktanzahl	número de octanos, el octanaje
Öl	el aceite
~wechsel	cambio de aceite
Panne	avería
Pannendienst	servicio de ayuda al automovilista
Papiere	documentos
Park|haus	el garaje de varios pisos
~platz	aparcamiento (*Am* parqueadero)
Plattfuß	pinchazo, el reventón
Promille	por mil
PS	CV (caballos de vapor)
Radarkontrolle	el control de radar
Radkreuz	cuadro
Raststätte	el albergue de carretera
Regenkombi	chubasquero
Schalthebel	palanca de cambio
Schiebedach	techo corredizo
Schraube	tornillo
Schraubenschlüssel	la llave de tuercas
Schutzblech	el guardabarros (*Am* el guardafangos)
Sicherung	el fusible
Standlicht	la luz de población/estacionamiento
Starthilfekabel	el cable de ayuda para el arranque

Straße	la calle
Straßenkarte	el mapa de carreteras
Sturzhelm	casco
Tachometer	el cuentakilómetros, velocímetro
Tankstelle	gasolinera, la estación de servicio
Umleitung	la desviación
Ventil	válvula
Vergaser	el carburador
Versicherungskarte, grüne	carta verde (del seguro)
Vollkasko	seguro a todo riesgo
Wagen|heber	gato, el alzacoches
~wäsche	lavado del coche
Warn|blinker	el sistema de alarma intermitente
~dreieck	la señal de situación de peligro, triángulo de peligro
Werk|statt	el taller
~zeug	herramientas
Zünd|kerze	bujía
~schloß	cerradura de contacto
~schlüssel	la llave de encendido
Zündung	encendido (*Am* la ignición)

... MIT DEM FLUGZEUG

ABFLUG — EL DESPEGUE

Wo ist der Schalter der ...-Fluggesellschaft?	¿Dónde está la facturación de la compañía ...?
Wann fliegt die nächste Maschine nach ...?	¿A qué hora sale el próximo avión para ...?
Ich möchte einen einfachen Flug/Hin- und Rückflug nach ... buchen.	Quisiera reservar un vuelo de ida/ de ida y vuelta a ...
Sind noch Plätze frei?	¿Hay todavía plazas libres?
Nichtraucher, bitte.	No fumadores, por favor.
Ich möchte diesen Flug umbuchen.	Quisiera cambiar el vuelo.
Wann muß ich am Flughafen sein?	¿A qué hora tengo que estar en el aeropuerto?
Kann ich das als Handgepäck mitnehmen?	¿Puedo llevar esto como equipaje de mano?
Hat die Maschine nach ... Verspätung?	¿Tiene retraso el avión a ...?

ANKUNFT	LLEGADA
Mein Gepäck ist verlorengegangen.	Mi equipaje se ha perdido.
Mein Koffer ist beschädigt worden.	Mi maleta (*Am* valija) está estropeada.
Ankunftszeit	hora de llegada
Anschluß	el empalme
anschnallen, sich	abrocharse el cinturón de seguridad
Anschnallgurt	el cinturón de seguridad
Besatzung	la tripulación
an Bord	a bordo
Bordkarte	tarjeta de embarque
Buchung	reserva
Charterflug	vuelo chárter
Direktflug	vuelo directo
einchecken	facturar
Fenstersitz	asiento junto a la/de ventanilla
Flug	vuelo
~gesellschaft	compañía aérea
~hafenbus	el autobús del aeropuerto
~hafengebühr	los derechos de aeropuerto
~plan	horario (de vuelo)
~strecke	ruta (de vuelo)
~zeug	el avión
Gepäck	el equipaje
Handgepäck	el equipaje de mano
Kapitän	el capitán
Landung	el aterrizaje
Linienmaschine	el avión de línea
Nichtraucher	no fumadores
Not|ausgang	salida de emergencia
~landung	el aterrizaje forzoso
Passagier	pasajero
Pilot/in	el/la piloto
planmäßiger Abflug	salida regular
Raucher	fumadores
Schalter	ventanilla
Schwimmweste	chaleco salvavidas
Sicherheitskontrolle	el control de seguridad
Steward/eß	el/la auxiliar de vuelo/la azafata (*Am* aeromoza)
stornieren	anular
umbuchen	cambiar el vuelo
Verspätung	retraso
zollfreier Laden	venta libre de impuestos
Zwischenlandung	escala

... MIT DER EISENBAHN

ABFAHRT	SALIDA, PARTIDA
Wann fährt der nächste Zug nach ...?	¿Cuándo sale el próximo tren para ...?
Eine einfache Fahrt 2. Klasse/1. Klasse nach ..., bitte.	Un billete (*Am* boleto) de segunda/ de primera clase para ..., por favor.
Zweimal ... hin und zurück, bitte.	Dos billetes (*Am* boletos) de ida y vuelta a ..., por favor.
Gibt es eine Ermäßigung für ... Kinder? Studenten?	¿Hacen ustedes descuento para ... niños? estudiantes?
Bitte eine Platzkarte für den Zug um ... Uhr nach ...	Una reserva de asiento para el tren de las ... a ..., por favor.
Ich möchte diesen Koffer als Reisegepäck aufgeben.	Quisiera facturar esta maleta (*Am* valija).
Hat der Zug aus ... Verspätung?	¿Tiene retraso el tren de ...?
Habe ich in ... Anschluß nach ...?	¿Hay enlace (*Am* combinación) en ... para ...?

Hinweise und Informationen

Agua no potable	Kein Trinkwasser
Andén/Vía	Bahnsteig/Gleis
Caballeros	Herren
Coche-cama, (*Am* coche-dormitorio)	Schlafwagen
Coche-literas	Liegewagen
Coche-restaurante	Speisewagen
Consigna automática	Schließfächer
Despacho de billetes (*Am* boletería)	Fahrkartenschalter
Freno de alarma	Notbremse
Fumadores	Raucher
Horario	Fahrplan
Información	Auskunft
Lavabo	Waschraum
Libre	Frei
Llegada	Ankunft
No fumadores	Nichtraucher
Ocupado	Besetzt
Sala de espera	Wartesaal
Salida	Abfahrt
Salida	Ausgang
Señoras	Damen
W.C. / Lavabos	Toiletten

(Wo) Muß ich umsteigen?	¿(Dónde) Tengo que hacer transbordo?
Von welchem Gleis fährt der Zug nach ... ab?	¿De qué andén sale el tren para ...?

IM ZUG — EN EL TREN

Verzeihung, ist dieser Platz noch frei?	Perdón, señora/señorita/señor, ¿está libre este asiento?
Hält dieser Zug in ...?	¿Para este tren en ...?

Abfahrt	salida, partida
Abfahrtszeit	hora de salida
Abteil	departamento *(Am* compartimiento)
ankommen	llegar
Aufenthalt	parada
aussteigen	bajar
Bahn|hof	la estación
~hofsrestaurant	el restaurante de la estación
besetzt	ocupado
D-Zug	el tren expreso
Eilzug	el tren directo
Eisenbahn	el ferrocarril, el tren
Ermäßigung	descuento, la reducción
Fahr|karte	el billete (*Am* boleto)
~kartenschalter	ventanilla (*Am* boletería)
~plan	horario
~preis	precio del billete
Fensterplatz	asiento junto a la ventanilla
frei	libre
Gepäck	el equipaje
~ablage	rejilla (de equipajes)
~aufbewahrung	consigna (de equipajes)
~schein	el talón *(Am* boleto) (de equipajes)
Gleis	el andén
Hauptbahnhof	la estación central
Kinderfahrkarte	el billete (*Am* boleto) infantil
Nichtraucherabteil	departamento (*Am* compartimiento) de no fumadores
Notbremse	freno de alarma
Platzkarte	reserva de asiento
Raucherabteil	departamento (*Am* compartimiento) de fumadores
Reservierung	reserva
Rückfahrkarte	el billete de ida y vuelta
Speisewagen	el vagón-restaurante
Toilette	los servicios, baño
Wartesaal	sala de espera
Zuschlag	suplemento

... MIT DEM SCHIFF

IM HAFEN	EN EL PUERTO
Wo/Wann fährt das nächste Schiff nach ... ab?	¿De dónde/Cuándo parte el próximo barco para ...?
Wie lange dauert die Überfahrt?	¿Cuánto dura la travesía?
Ich möchte eine Schiffskarte nach ...	Quisiera un pasaje para ...
Ich möchte eine Karte für die Rundfahrt um ... Uhr.	Quisiera un pasaje para la excursión de las ...

AN BORD	A BORDO
Wo ist der Speisesaal/der Aufenthaltsraum?	¿Dónde está el comedor/el salón?
Ich fühle mich nicht wohl.	No me siento bien.
Geben Sie mir bitte ein Mittel gegen Seekrankheit.	¿Puede usted darme un remedio contra el mareo?

Anlegeplatz	embarcadero
an Bord	a bordo
Buchung	reserva
Dampfer	el vapor
Deck	cubierta
Fähre	el transbordador (*Am* el ferryboat)
Auto~	el transbordador de automóviles
Eisenbahn~	el transbordador de trenes
Fahrkarte	el billete (*Am* boleto)
Festland	tierra firme
Hafen	puerto
Kabine	cabina
Kajüte	cabina
Kapitän	el capitán
Küste	costa
Landausflug	la excursión
Motorboot	(lancha) motora
Passagier	pasajero
Rettungs|boot	el bote salvavidas
~ring	el salvavidas
Ruderboot	barca de remos
Schwimmweste	chaleco salvavidas
seekrank	mareo
Steward	camarero (de barco)

Was schauen wir an?

Ich möchte einen Stadtplan von ... haben.	Quisiera un mapa de ...
Welche Sehenswürdigkeiten gibt es hier?	¿Qué cosas dignas de verse hay aquí?
Gibt es Stadtrundfahrten?	¿Hay visitas organizadas de la ciudad?
Was kostet die Rundfahrt?	¿Cuánto cuesta el billete (*Am* boleto)?
Besichtigen wir auch ...?	¿Vamos a visitar también ...?
Wann fahren wir zurück?	¿Cuándo regresamos?

SEHENSWERTES

Wann ist das Museum geöffnet?	¿A qué horas está abierto el museo?
Wann beginnt die Führung?	¿A qué hora comienza la visita con guía?
Ist das ...?	¿Es éste el .../¿Es ésta la ...?

Altar	el altar
Altstadt	la ciudad vieja
antik	antiguo
Archäologie	arqueología
Architektur	arquitectura
Ausflug	la excursión
Ausgrabungen	las excavaciones
Aussichtspunkt	el mirador, punto de observación
Ausstellung	la exposición
Besichtigung	visita
Bild	pintura, cuadro
~hauer	el escultor
Botanischer Garten	el jardín botánico
Burg	castillo
Denkmal	monumento
Dom	la catedral

Epoche	época
Festung	fortaleza; ciudadela
Fischerhafen	puerto de pescadores
Fotografie	fotografía
Fremdenführer	el guía (turístico)
Friedhof	cementerio
Führung	visita guiada
Galerie	galería
Gebäude	edificio
Gebirge	cordillera
Gemälde	pintura, cuadro
~sammlung	la colección de pintura
Gottesdienst	culto, misa
Höhle	cueva
Innenstadt	centro (de la ciudad)
Jahrhundert	siglo
Kaiser/in	el emperador/la emperatriz
Kapelle	capilla
Kathedrale	la catedral
Kirche	iglesia
König/in	el rey/reina
Landschaft	el paisaje
Maler/in	el pintor/pintora
Malerei	pintura
Markt	mercado
~halle	mercado (cubierto)
Museum	museo
Nationalpark	el parque nacional
Naturschutzgebiet	reserva natural/ecológica
Palast	palacio
Plastik	escultura
Platz	plaza
Rathaus	ayuntamiento
Religion	la religión
Restaurierung	la restauración
Ruine	ruina
Rundfahrt	recorrido, el viaje circular
Schloß	castillo, palacio
(der) See	lago
Sehenswürdigkeiten	los monumentos
Stadtrundfahrt	visita de la ciudad, las excursiones
Tagesausflug	la excursión de un día
Turm	la torre
Volkskundemuseum	museo del folklore
Wald	el bosque
Wasserfall	catarata; cascada
Zeichnung	dibujo
Zoo	zoo, el parque zoológico

Die Speisekarte, bitte

WIR GEHEN ESSEN

Wo gibt es hier ... ein gutes Restaurant? ein typisches Restaurant?	¿Dónde hay por aquí cerca ... un buen restaurante? un restaurante típico?
Reservieren Sie uns bitte für heute abend einen Tisch für 4 Personen.	¿Puede reservarnos para esta noche una mesa para cuatro personas?

Tapas gefällig?

el café entspricht etwa dem deutschen Café.
Man kann dort Kaffee, Erfrischungen oder auch Alkohol trinken. Kuchen werden eher selten angeboten.

un bar ist nicht mit einer deutschen *bar* vergleichbar. Man bekommt dort vielmehr vom Kaffee bis hin zum alkoholischen Getränk alles und hat auch die Möglichkeit, einen kleinen Imbiß einzunehmen. Zu Bier und Wein werden in jeder Bar Appetithäppchen, die *tapas*, gereicht. Einst waren es Brotstücke, mit denen man das gefüllte Weinglas zum Schutz vor Fliegen abdeckte *(abdecken = tapar)*; dann wurden daraus Oliven, Nüsse, Sardellen und vieles mehr. Im Süden Spaniens, in Andalusien, werden diese oft sehr reichhaltigen Häppchen umsonst angeboten.

la cafetería: Hier kann man an der Theke, an einem Tisch oder auf der Terrasse Getränke aller Art, die für Spanien typischen Vorspeisen (tapas), und kleine Mahlzeiten bestellen.

la taberna (volkstümlich **tasca**) ist ein kleineres Lokal – hier kann man hauptsächlich Wein, aber auch andere Getränke trinken und kaufen.

el (café-)restaurante: ein größeres Lokal, in dem man etwas trinken und zu Mittag oder zu Abend essen kann.

el chiringuito: ein Lokal (im Freien (fast immer am Strand)), wo man Getränke und hauptsächlich Fischgerichte bekommt.

Ist dieser Tisch noch frei?	¿Está libre esta mesa?
Ist dieser Platz noch frei?	¿Está libre este asiento?
Einen Tisch für 2/3 Personen, bitte.	Una mesa para dos/tres personas, por favor.
Wo sind bitte die Toiletten?	¿Dónde están los servicios, por favor?
Auf Ihr Wohl!	¡Salud!
Darf ich rauchen?	¿Puedo fumar?

BESTELLUNG | PEDIDO

Herr Ober/Bedienung, die Speisekarte, die Getränkekarte, die Weinkarte, bitte.	Camarero (*Am* Mozo), la carta (*Am* el menú), la carta de bebidas (y licores), la carta de vinos, por favor.
Was können Sie mir empfehlen?	¿Qué me recomienda usted?
Was nehmen Sie als Vorspeise/Nachtisch?	¿Qué toman de aperitivo/de postre?
Ich nehme ...	Yo tomo ...
Wir haben leider kein/e ... (mehr).	Lo lamento, pero ya no tenemos ...
Wie möchten Sie Ihr Steak haben?	¿Como desea usted el filete?
gut durch	bien pasado
halbdurch	poco pasado
englisch	a la inglesa
Was wollen Sie trinken?	¿Qué desea usted beber (*Am* tomar)?
Bitte ein Glas ...	Un vaso de ..., por favor.
Bitte eine Flasche/eine halbe Flasche ...	Una botella/Media botella de ..., por favor.
Bitte bringen Sie uns ...	Tráiganos ..., por favor.

REKLAMATION | QUEJAS Y RECLAMACIONES

Haben Sie mein/e ... vergessen?	¿Se ha olvidado usted de mi ...?
Das habe ich nicht bestellt.	Yo no he pedido esto.
Holen Sie bitte den Chef.	Llame al dueño, por favor.

Unzufrieden?

In allen spanischen Restaurants steht den Gästen ein „Beschwerdebuch" (libro de reclamaciones) zur Verfügung, das regelmäßig von der Touristenbehörde kontrolliert wird. Dort kann sich der Gast schriftlich beschweren bzw. das Restaurant loben.

BEZAHLEN, BITTE.	¡LA CUENTA, POR FAVOR!
Bitte alles zusammen.	Todo junto, por favor.
Getrennte Rechnungen, bitte.	Cuentas separadas, por favor.
Hat es geschmeckt?	¿Le/Les ha gustado la comida?
Das Essen war ausgezeichnet.	La comida estaba excelente.
Das ist für Sie.	Para usted.
Es stimmt so.	Está bien así.

Bedienungsgeld ist zwar in allen spanischen Restaurants und Hotels im Preis inbegriffen, dennoch ist es üblich, ein Trinkgeld zwischen 5% und 10% zu geben.
Die Rechnung wird übrigens fast immer für den ganzen Tisch ausgestellt, einzeln wird nicht abgerechnet.

Abendessen .... cena
Beilage .... la guarnición
Besteck .... los cubiertos
Bestellung .... pedido
Diabetiker .... diabético
durchgebraten .... bien asado
Essig .... el vinagre
frisch .... fresco
Frühstück .... desayuno
Gabel .... el tenedor
gebacken .... frito
gebraten .... asado
geräuchert .... ahumado
Gericht .... plato, comida
Getränk .... bebida
Gewürz .... especia, condimento
Glas .... vaso
Gräte .... espina
Hauptspeise .... comida principal

hausgemacht	casero
heiß	(muy) caliente
kalt	frío
Kellner/in	camarero/camarera
Kinderteller	plato para niños
Knoblauch	ajo
Koch	cocinero
kochen	cocer; (*Wasser*) hervir
Löffel	cuchara
Menü	el menú
Messer	cuchillo
Mittagessen	comida, almuerzo
Nachtisch	el postre
Ober	camarero
Öl	el aceite
Pfeffer	pimienta
Portion	la ración
roh	crudo
Salz	la sal
sauer	agrio
scharf	picante, fuerte
Senf	mostaza
Serviette	servilleta
Soße	salsa
Speisekarte	carta (*Am* el menú)
Spezialität	la especialidad
Strohhalm	pajita
Suppe	sopa
süß	dulce
Süßstoff	sacarina
Tagesgericht	plato del día
Tasse	taza
Teller	plato
Trinkgeld	propina
vegetarisch	vegetariano
Vorspeise	los entremeses
Wasser	(el) agua
würzen	sazonar
zäh	duro
Zahnstocher	palillo de dientes
Zitrone	el limón
Zucker	el azúcar

Menu turístico

In Spanien sind alle Restaurants verpflichtet, mindestens ein *menu turístico* zu festen, von der Behörde genehmigten Preisen anzubieten.

Menú
Speisekarte

Desayuno	Frühstück
café solo	schwarzer Kaffee
café con leche	Kaffee mit Milch
café descafeinado	koffeinfreier Kaffee
té con leche/limón	Tee mit Milch/Zitrone
infusión (de hierbas)/tisana	Kräutertee
chocolate	Schokolade
zumo de fruta	Fruchtsaft
huevo pasado por agua	weiches Ei
huevos revueltos	Rühreier
huevos con jamón	Eier mit Speck
pan/panecillos/tostadas	Brot/Brötchen/Toast
croissant (*Am* media luna)	Hörnchen
churros	Ölkringel *(Gebäck)*
mantequilla (*Am* manteca)	Butter
queso	Käse
embutido	Wurst
jamón	Schinken
miel	Honig
mermelada	Marmelade
müsli	Müsli
yogur	Joghurt
fruta	Obst → S. 39

Entremeses	Vorspeisen
aceitunas	Oliven
alcachofas	Artischocken
almejas	Venusmuscheln
boquerones	Sardellen
cangrejos	Krebse
caracoles	Schnecken
chorizo	Paprikawurst
croquetas	Kroketten
embutido	Wurst
ensaladilla rusa	russische Eier
fiambre	Aufschnitt

gambas	Garnelen
gambas al ajillo	Garnelen in Knoblauchsauce
gambas a la plancha	geröstete Garnelen
jamón serrano	roher Schinken
jamón (de) york	gekochter Schinken
mejillones	Miesmuscheln
salchichón	spanische Salami
salpicón de marisco	Meeresfrüchtesalat
sardinas	Sardinen

Sopas	Suppen
caldo	Bouillon
consomé	Kraftbrühe
crema de espárragos	Spargelsuppe
fabada asturiana	asturischer Bohneneintopf
gazpacho	kalte Suppe aus Tomate, Paprikaschote, Apfel, Öl, Essig, usw.
sopa de ajo	Knoblauch-Brotsuppe
sopa de arroz	Reissuppe
sopa de fideos	Nudelsuppe
sopa de pescado	Fischsuppe
sopa de verduras (sopa juliana, sopa jardinera)	Gemüsesuppe

Pescados y Mariscos	Fisch und Meeresfrüchte
anguila	Aal
angulas	Glasaal
arenque	Hering
atún	Thunfisch
bacalao	Kabeljau, Stockfisch
besugo	Seebrasse
bogavante	Hummer
bonito	Thunfisch
caballa	Makrele
calamares a la romana	panierte Tintenfischringe
calamares en su tinta	Tintenfisch in eigener Sauce
carpa	Karpfen
centollo	Seespinne
cigalas	Kronenhummer
corvina	Meerrabe
dorada	Goldbarsch
gambas	Garnelen
langosta	Languste
langostinos	Riesengarnelen
lenguado	Seezunge

lubina	See-, Wolfsbarsch
merluza	Seehecht
paella	Reisgericht mit Meeresfrüchten *(s. auch unter „Fleisch", S. 38)*
parrillada de pescado	Fisch-Grillplatte
perca	Barsch
pescadilla	junger Seehecht
pescado a la marinera	in Tomatensoße mit Petersilie gedämpfter Fisch
pez espada	Schwertfisch
platija	Scholle
pulpo	großer Tintenfisch
rape	Seeteufel
raya	Rochen
rodaballo	Steinbutt
salmón	Lachs
salmonete	Meerbarbe
trucha	Forelle
zarzuela de mariscos	Gericht aus Schalentieren

Sind Sie ein Fisch?!

"Estar pez" bedeutet im Spanischen nicht etwa ein Fisch zu sein, sondern keine Ahnung von etwas zu haben.

Carne y Aves	Fleisch und Geflügel
asado	Braten
bistec	Beefsteak
cabrito	Zicklein
callos	Kutteln
carne picada	Hackfleisch
carne de vaca	Rindfleisch
cerdo	Schwein
chuleta (*Am* costeleta)	Kotelett
cocido	Eintopf mit Fleisch, Kichererbsen, Gemüse, Kartoffeln, usw.
cochinillo	Spanferkel
conejo	Kaninchen
cordero	Hammel, Lamm
cordero lechal	Lämmchen
empanada	Pastete
escalope	Schnitzel
estofado	Schmorbraten
faisán	Fasan
filete	Filet, Lendenstück
guisado	Gulasch, Ragout

hígado	Leber
lengua	Zunge
liebre	Hase
lomo	Lende
paella	Reisgericht mit Fleisch, Wurst, Gemüse usw. *(s. auch unter „Fisch“, S. 37)*
parrillada de carne	Grillplatte
pato	Ente
pavo	Truthahn, Puter
pechuga de pollo	Hühnerbrust
perdiz	Rebhuhn
pichón	Taube
pollo	Hähnchen
riñones	Nieren
rosbif	Rostbeef
sesos	Hirn
solomillo	Filet, Lendenstück
ternera	Kalb

Ensalada y Verduras	Salat und Gemüse
acelgas	Mangold
alcachofas	Artischocken
berenjenas	Auberginen
cebollas	Zwiebeln
col de Bruselas	Rosenkohl
coliflor	Blumenkohl
ensalada variada/mixta	gemischter Salat
ensalada del tiempo	Salat der Saison
escarola	Endivie(nsalat)
espárragos	Spargel
garbanzos	Kichererbsen
guisantes	Erbsen
judías blancas (alubias)	weiße Bohnen
judías verdes	grüne Bohnen
lechuga	Kopfsalat
lentejas	Linsen
patatas(*Am* papas)	Kartoffeln
patatas (*Am* papas) fritas	Pommes frites
pepino	Gurke
pimiento	Paprikaschote
pisto (manchego)	geschmorte Paprikaschote, Tomate usw. (mit Kürbis)
setas	Pilze
tomate	Tomate
zanahorias	Karotten

Platos de huevos	Eierspeisen
huevos al plato	Setzeier
huevos duros	hartgekochte Eier
huevos fritos	Spiegeleier
huevos pasados por agua	weichgekochte Eier
huevos revueltos	Rühreier
tortilla (a la) española	Omelett mit Kartoffeln (und Zwiebeln)
tortilla (a la) francesa	einfaches Omelett

Postres, queso y fruta	Nachspeisen, Käse und Obst
albaricoques (*Am* damascos)	Aprikosen
arroz con leche	Milchreis
cerezas	Kirschen
ciruelas	Pflaumen
compota	Kompott
flan	Karamelpudding
fresas (*Am* frutilla)	Erdbeeren
higos	Feigen
macedonia de frutas	Obstsalat
mandarina	Mandarine
manzana	Apfel
melocotón (*Am* durazno)	Pfirsich
melón	Melone
naranja	Apfelsine
natillas	Cremespeise
pera	Birne
piña (*Am* ananás)	Ananas
plátano (*Am* banana)	Banane
queso de cabra	Ziegenkäse
queso (de) Gruyère	Emmentaler Käse
queso manchego	„Mancha“-Käse
queso de oveja	Schafskäse
sandía	Wassermelone
tarta	Torte
toronja	Pampelmuse
uvas	Weintrauben

Wenn ein Spanier oder Lateinamerikaner Sie nach seiner *media naranja* fragt, dann meint er damit keineswegs eine halbe Orange, sondern seine *„bessere Hälfte“* ...

Helados	Eis
café helado	Eiskaffee
copa de helado	Eisbecher
copa de helado con frutas	Eisbecher mit Früchten
helado de chocolate	Schokoladeneis
helado de fresa	Erdbeereis
helado de limón	Zitroneneis
helado de vainilla	Vanilleeis
helado variado	gemischtes Eis
mantecado	Sahneeis

Dulces	Gebäck
bombón	Praline
chocolate	Schokolade
churros	fettgebackene Hefekringel
dulces	Süßigkeiten
galletas	Kekse
nata	Sahne
nata batida/montada	Schlagsahne
pastas, pasteles	Gebäck
pastelillos de crema	Cremeschnitte
tarta	Torte
tarta de crema	Buttercremetorte
tarta helada	Eistorte
tarta de frutas	Obstkuchen
tarta de manzana	Apfelkuchen
torta, tarta	Kuchen

Schmeckt's?

"Me gusta!" („Mir schmeckt es!") hat verschiedene Bedeutungen und bezieht sich nicht immer nur auf das Essen. Es kann auch auf Dinge und Personen angewendet werden: *"Me gustas!" („Du gefällst mir!")*.

Bebidas
Getränkekarte

Algunos vinos típicos españoles	Einige typische spanische Weine
Cariñena	herber Tischwein
Chacolí	herber Aperitif
Jerez dulce/oloroso	süßer Sherry
Málaga	sehr süßer Dessertwein
Manzanilla	herber Weißwein
Montilla	herber Aperitif
Moriles	herber Weißwein
Moscatel	Muskateller
Priorato	herber Rot- oder Weißwein (aus Katalonien)
Ribeiro	herber Rotwein (Tischwein aus Galizien)
Rioja	herber Rot- und Weißwein
Sangría	Rotweinbowle (mit Früchten)
Valdepeñas	herber Rot- und Weißwein (aus der "Mancha")

Otras bebidas alcohólicas	Weitere alkoholische Getränke
aguardiente	Schnaps
anís	Anis
caña de cerveza	Bier (kleines Glas)
cerveza de barril	Bier vom Faß
champán, cava	Sekt
coñac	Kognak
cuba libre	Cola mit Rum
ginebra	Gin
licor	Likör
sidra	Apfelwein

Auf Ihr Wohl!

Wenn Sie einander zuprosten wollen, so gibt es folgende Trinksprüche auf Gesundheit, Liebe und Geld: *"Salud, amor y peseta, suerte completa"*, und auf daß Ihnen das Glück treu bleibt: *"¡Qué seas muy feliz!"* (sing) / *"¡Qué séais muy felices!"* (pl)

Bebidas no alcohólicas	Alkoholfreie Getränke
agua mineral	Mineralwasser
batido	Milchmixgetränk
cacao	Kakao
(café) americano	großer schwarzer Kaffee
café solo	Espresso
café con leche	Milchkaffee
(café) cortado	Espresso mit wenig Milch
(café) descafeinado	koffeinfreier Kaffee
gaseosa	Sprudel mit Geschmack
horchata	Erdmandelmilch
leche	Milch
limonada	Zitronenlimonade
naranjada	Orangeade
soda, (agua de) sifón	Soda
té	Tee
(agua) tónica	Tonicwasser
zumo (*Am* jugo) de fruta	Fruchtsaft
zumo (*Am* jugo) de limón, limón natural	Zitronensaft
zumo (*Am* jugo) de naranja	Orangensaft

Nehmen Sie Kreditkarten?

offen ... abierto	geschlossen .... cerrado
Betriebsferien	cerrado por vacaciones

Wo finde ich ... ?	Por favor, ¿dónde hay ...?
Können Sie mir ein ...geschäft empfehlen?	¿Puede usted indicarme una buena tienda de ...?
Ich möchte ...	Quisiera .../Desearía .../Me gustaría ...
Haben Sie ...?	¿Tiene usted ...?
Ich nehme es.	Me lo llevo.
Wieviel kostet es?	¿Cuánto cuesta?
Nehmen Sie ... Euroschecks? Kreditkarten?	¿Aceptan ustedes ... eurocheques? tarjetas de crédito?

Antiquariat	librería de segunda mano
Antiquitätengeschäft	las antigüedades
Apotheke	farmacia → S. 44 f.
Bäckerei	panadería
Blumengeschäft	florería
Buchhandlung	librería → S. 54
Drogerie	droguería → S. 46
Elektrohandlung	(tienda de) artículos eléctricos → S. 47
Flohmarkt	rastro
Fotoartikel	(tienda de) artículos fotográficos → S. 47
Friseur	peluquería (de señoras, de caballeros) → S. 48
Gemüsehändler	verdulería
Haushaltswaren	Artículos domésticos → S. 49
Juwelier	joyero → S. 53
Kaufhaus	los grandes almacenes
Konditorei	pastelería, confitería
Kunstgewerbe	los oficios artísticos
Lebensmittelgeschäft	tienda de comestibles (*Am* el almacén) → S. 49 f.

Lederwarengeschäft	(tienda de) artículos de piel/cuero
Markt	mercado
Metzgerei	carnicería
Musikgeschäft	(tienda de) artículos de música
Obsthandlung	frutería
Optiker	óptico → S. 53
Parfümerie	perfumería
Reformhaus	(tienda de) productos dietéticos
Reinigung, chemische	tintorería, limpieza en seco
Reiseandenken	recuerdos, souvenirs
Reisebüro	agencia de viajes
Schreibwarengeschäft ...	papelería → S. 54
Schuhgeschäft	zapatería → S. 52
Selbstbedienungsladen ...	autoservicio
Spielwarengeschäft	juguetería, (tienda de) artículos de juguete
Spirituosengeschäft	(tienda de) bebidas alcohólicas, vinos y licores
Sportartikel	(tienda de) artículos de deporte
Supermarkt	supermercado
Tabakladen	estanco (*Am* cigarrería) → S. 54
Uhrmacher	relojero
Wäscherei	lavandería
Waschsalon	lavandería
Weinhandlung	(el almacén de) vinos, la bodega
Zeitungshändler	el vendedor de periódicos → S. 54

APOTHEKE — FARMACIA

Wo ist die nächste Apotheke (mit Nachtdienst)?	¿Dónde está la farmacia (de guardia) más cercana, por favor?
Geben Sie mir bitte etwas gegen ...	¿Me puede dar algo contra ..., por favor?
Dieses Mittel ist rezeptpflichtig.	Para esa medicina se necesita una receta.

innerlich	para uso interno
äußerlich	para uso externo
einnehmen	tomar
auf nüchternen Magen ...	en ayunas
vor dem Essen	antes de las comidas
nach dem Essen	después de las comidas
im Mund zergehen lassen .	dejar deshacerse en la boca

Abführmittel	el laxante
Antibabypille	píldora anticonceptiva
Antibiotikum	antibiótico
Aspirin®	aspirina®
Augentropfen	las gotas para los ojos
Beruhigungsmittel	el tranquilizante
Brandsalbe	pomada para quemaduras
Desinfektionsmittel	el desinfectante
Elastikbinde	venda elástica
Fieberthermometer	termómetro
Gegengift	antídoto
Gurgelwasser	(el) agua para gargarismos
Halstabletten	las pastillas para la garganta
Hustensaft	el jarabe (contra la tos)
Insektenmittel	el insecticida
Insulin	insulina
Jod(tinktur)	tintura de yodo
Kamillentee	camomila
Kohletabletten	las pastillas de carbono
Kondom	preservativo, el condón
Kopfschmerztabletten	las pastillas para el dolor de cabeza
Kreislaufmittel	medicamento para la circulación de la sangre
Magentropfen	las gotas para el dolor de estómago
Medikament	medicina, medicamento
Mittel	medicina, remedio
Mullbinde	gasa
Nebenwirkungen	los efectos secundarios
Ohrentropfen	las gotas para los oídos
Pflaster	esparadrapo
Puder	los polvos
Rezept	la receta
Salbe	pomada
Schlaftabletten	los somníferos
Schmerztabletten	las pastillas contra el dolor
Sonnenbrand	quemadura por el sol
Tablette	pastilla, comprimido
Traubenzucker	glucosa
Tropfen	las gotas
Watte	el algodón
Zäpfchen	los supositorios

DROGERIE	DROGUERÍA
Bürste	cepillo
Creme	crema
Damenbinden	los paños higiénicos
Deo(dorant)	el desodorante
Haar|bürste	cepillo del pelo
~festiger	el fijador
~waschmittel	el champú
Kamm	el peine
Körpermilch	crema para la piel
Lichtschutzfaktor	(el) factor de protección solar
Lidschatten	sombra de ojos
Lippenstift	el lápiz de labios
Nagel|bürste	cepillo de uñas
~feile	lima de uñas
~lack	laca de uñas
~schere	tijera de uñas
Papiertaschentücher	los pañuelos de papel
Parfüm	el perfume
Pflaster	esparadrapo
Pinzette	las pinzas
Präservativ	preservativo
Puder	los polvos
Rasier|apparat	maquinilla de afeitar
~klinge	cuchilla de afeitar
~pinsel	brocha de afeitar
~seife	el jabón de afeitar
~wasser	la loción
Saugflasche	el biberón
Schnuller	el chupete
Schwamm	esponja
Seife	el jabón
Sicherheitsnadeln	los imperdibles
Sonnen|creme	crema solar
~öl	el aceite solar
Spiegel	espejo
Spül|mittel	el detergente
~tuch	paño para fregar
Tampon	el tampón
Toilettenpapier	el papel higiénico
Wasch|lappen	manopla de baño, el guante de tocador
~mittel	el detergente
Watte	el algodón
Wimperntusche	el rímel
Windeln	los pañales
Zahn|bürste	cepillo de dientes
~pasta	pasta de dientes

ELEKTROHANDLUNG — (TIENDA DE) ARTÍCULOS ELÉCTRICOS

Adapter	el adaptador
Batterie	batería
CD, Compactdisc	el DC, disco compacto
Fön	el secador de pelo
Glühbirne	bombilla
Kassette	la/el casete
Kopfhörer	los auriculares
Schallplatte	disco
Stecker	clavija de enchufe
Taschenlampe	linterna
Video|film	película vídeo
~kamera	cámara de vídeo, filmadora
~kassette	la/el videocasete
~rekorder	el videocasete
Walkman®	el walkman®

FOTOARTIKEL — (TIENDA DE) ARTÍCULOS FOTOGRÁFICOS

Ich möchte ...	Quisiera .../Desearía ...
einen Film für diesen Fotoapparat.	una película para esta cámara.
einen Farbfilm für Papierbilder/Dias.	una película en color para reproducciones en papel/para diapositivas.
Könnten Sie mir bitte den Film einlegen?	¿Puede usted colocarme el carrete?
Würden Sie mir bitte diesen Film entwickeln?	¿Pueden ustedes revelarme esta película?
Wann kann ich die Bilder abholen?	¿Cuándo puedo retirar las fotos?
Der Sucher/Der Auslöser funktioniert nicht.	El visor/El disparador no funciona.
Können Sie es reparieren?	¿Podrían arreglármelo?

Auslöser	el disparador
Blitz|gerät	el flash
~würfel	cubo de flash
Farbfilm	película en color
Film|empfindlichkeit	la sensibilidad
~kamera	cámara fotográfica
Linse	la lente
Objektiv	objetivo
Paßbild	la foto (para) pasaporte
Schwarzweiß-Film	película en blanco y negro
Teleobjektiv	teleobjetivo
Verschluß	el obturador, el cierre

FRISEUR	PELUQUERÍA
Kann ich mich für morgen anmelden?	¿Puede usted darme hora (*Am* un turno) para mañana?
Waschen und fönen/ legen, bitte.	Lavar y secar/marcar, por favor.
Schneiden mit/ohne Waschen, bitte.	Cortar y lavar/Cortar sin lavar, por favor.
Ich möchte eine Dauerwelle.	Quisiera una permanente.
Lassen Sie es bitte lang.	Déjelo largo, por favor.
Nur die Spitzen.	Sólo las puntas.
Nicht zu kurz, bitte.	No demasiado corto, por favor.
Ganz kurz, bitte.	Muy corto, por favor.
Etwas kürzer, bitte.	Un poco más corto, por favor.
Einen Messerschnitt, bitte.	Un corte de pelo a navaja, por favor.
Bitte kein Haarspray.	No me ponga laca, por favor.
Rasieren, bitte.	Afeitar, por favor.
Stutzen Sie mir bitte den Bart.	Córteme un poco la barba, por favor.
Vielen Dank. So ist es gut.	Muchas gracias. Está muy bien así.

Bart	barba
Dauerwelle	la permanente
färben	teñir
fönen	secar
frisieren	peinar
Frisur	peinado
Haar	pelo
~schnitt	el corte de pelo
~spray	el spray para el pelo
~teil	peluca, el bisoñé
kämmen	peinar
legen	marcar
Locken	los rizos (*Am* los rulos)
~wickler	rulo (*Am* rulero)
Perücke	peluca
Pony	flequillo
Schnurrbart	el bigote
Schuppen	caspa
Shampoo	el champú
stutzen	cortar
tönen	dar reflejos

HAUSHALTSWAREN — ARTÍCULOS DOMÉSTICOS

Abfallbeutel	bolsa de la basura
Alufolie	el papel de estaño
Besen	escoba
Brennspiritus	el alcohol de quemar
Dosenöffner	el abrelatas
Eimer	cubo (*Am* el balde)
Eßbesteck	los cubiertos
Flaschenöffner	el abrebotellas
Frischhaltefolie	el papel de conservación fresca
Glas	vaso
Grill	parrilla, barbacoa
~kohle	el carbón de parrilla
Kerzen	velas
Kochtopf	cazuela, puchero
Korkenzieher	el sacacorchos
Kühl|element	bolsita de hielo
~tasche	la bolsa-frigorífico
Papierservietten	las servilletas de papel
Petroleum	petróleo
Plastikbeutel	bolsa de plástico
Sonnenschirm	sombrilla
Taschenmesser	navaja
Thermosflasche	termo
Wäsche|klammern	las pinzas de la ropa
~leine	cuerda de la ropa

LEBENSMITTEL — LOS COMESTIBLES

Eine ausführliche Übersicht von Lebensmitteln und Gerichten finden Sie in der Speisekarte auf Seite 35 ff.

Was darf es sein?	¿Qué desea?
Geben Sie mir bitte ...	Déme ..., por favor.
ein Kilo ...	un kilo de ...
ein Stück von ...	un trozo de ...
eine Packung ...	un paquete de ...
ein Glas ...	un frasco de ...
eine Dose ...	un bote de ...
eine Flasche ...	una botella de ...
eine Einkaufstüte.	una bolsa.
Darf es sonst noch etwas sein?	¿Desea alguna cosa más?
Danke, das ist alles.	Eso es todo, gracias.

Aufschnitt	el embutido, los fiambres variados
Babynahrung	el alimento para bebés → S. 67
Bier	cerveza → S. 41
alkoholfreies ~	cerveza sin alcohol
Brot	el pan
Brötchen	panecillo
Butter	mantequilla (*Am* manteca)
Eier	los huevos
Eis(krem)	helado → S. 40
Fisch	pescado → S. 36 f.
Fleisch	la carne → S. 37 f.
frisch	fresco
Gebäck	las pastas, las galletas → S. 40
Geflügel	aves → S. 37 f.
Gemüse	las verduras; *(Hülsenfrüchte)* las legumbres → S. 38
Hackfleisch	la carne picada
Joghurt	el yogur
Kaffee	el café → S. 35, 42
Käse	queso → S. 39
Kekse	las galletas, pastas
Konserven	las conservas
Kuchen	la tarta, el pastel → S. 40
Limonade	limonada → S. 42
Margarine	margarina
Marmelade	mermelada → S. 35
Mehl	harina
Milch	la leche
fettarme ~	la leche semidesnatada
Mineralwasser	(el) agua mineral → S. 42
Müsli	el müsli
Nudeln	la pasta
Nüsse (Erd~)	los cacahuetes (*Am* el maní)
Obst	fruta → S. 39
Öl	el aceite
Orangensaft	zumo de naranja → S. 42
Sahne	crema, nata
Salat	ensalada → S. 38
Salz	la sal
Schokolade	el chocolate
Schokoriegel	barra/barrita de chocolate
Suppe	sopa → S. 36
Süßigkeiten	los dulces, las golosinas → S. 40
Tee	el té
~beutel	bolsita de té
Toast	tostada
Wein	vino → S. 41
Würstchen	salchicha

MODE — MODA

Können Sie mir ... zeigen?	¿Puede usted enseñarme ...?
Kann ich es anprobieren?	¿Puedo probármelo?
Welche (Konfektions-) Größe haben Sie?	¿Qué talla tiene usted?
Das ist mir zu ... eng/weit. kurz/lang. klein/groß.	Me resulta demasiado ... estrecho (*Am* angosto)/ancho. corto/largo. pequeño/grande.
Das paßt gut. Ich nehme es.	Me va muy bien. Me lo llevo.
Das ist nicht ganz, was ich möchte.	No es exactamente lo que yo quería.
Ich möchte diese Sachen reinigen lassen.	Quisiera que me limpiaran en seco esta ropa.
Wann sind sie fertig?	¿Cuándo estará lista?

Anorak	el anorak
Anzug	el traje
Bade|anzug	el traje de baño
~hose	el bañador, el pantalón de baño
Bikini	el bikini
Bluse	blusa
Farbe	el color
Fliege	pajarita
Frottee	(tejido de) rizo
Futter	forro
gestreift	a rayas, rayado
Gürtel	el cinturón
Halstuch	pañuelo de cuello
Hand|schuhe	los guantes
~tasche	cartera, bolsa (de mano)
Hemd	camisa
Hose	el pantalón
kurze Hose	el pantalón corto
Hut	sombrero
Jacke	chaqueta (*Am* saco)
Jeans	los tejanos, los vaqueros
Kleid	vestido
Knopf	el botón
Kostüm	el traje de chaqueta
Krawatte	corbata
Mantel	abrigo
Mütze	gorra
Nachthemd	el camisón

Pullover	el jersey (*Am* el pulóver)
Pyjama	el pijama
Regenmantel	el impermeable
Reißverschluß	cremallera (*Am* el cierre relámpago)
Rock	falda
Sakko	chaqueta (*Am* saco)
Schal	el chal, pañuelo de cuello
Schirm	el paraguas
Slip	braga, el slip
Socken	los calcetines
Sommerkleid	vestido de verano
Strickjacke	chaqueta de punto, rebeca (*Am* saco tejido)
Strümpfe	las medias
Strumpfhose	los leotardos; *(Damen~)* el panty
Taschentuch	pañuelo
Trainingsanzug	el traje de entrenamiento, el chándal
T-Shirt	camiseta
Unter|hemd	camiseta
~hose	*(Damen)* braga; *(Herren)* el calzoncillo, los calzoncillos
~rock	la combinación, las enaguas
~wäsche	ropa interior
waschmaschinenfest	lavable en lavadora
Weste	chaleco

SCHUHGESCHÄFT — ZAPATERÍA

Ich möchte ein Paar ...schuhe	Quiero un par de zapatos ...
Ich habe Schuhgröße ...	Calzo el número ...
Sie sind zu eng/weit.	Son demasiado estrechos/anchos.
Bitte noch eine Tube Schuhcreme/ein Paar Schnürsenkel.	Déme también, por favor, un tubo de betún/unos cordones de zapatos.
Ich möchte diese Schuhe neu besohlen lassen.	¿Puede poner medias suelas nuevas a estos zapatos?
Können Sie bitte die Absätze neu machen?	¿Puede usted arreglar los tacones?

Gummistiefel	las botas de goma
Kinderschuhe	los zapatos de niño
Sandalen	las sandalias
Schuh|e	los zapatos
~creme	el betún
Stiefel	las botas
Turnschuhe	las zapatillas de deporte

OPTIKER	ÓPTICO
Würden Sie mir bitte diese Brille reparieren?	¿Puede usted arreglarme estas gafas (*Am* estos anteojos/lentes), por favor?
Ich bin kurzsichtig/weitsichtig.	Soy miope/présbita.
Wie ist Ihre Sehstärke?	¿Cuál es su potencia visual?
Rechts plus/minus ..., links ...	A la derecha más/menos ..., a la izquierda ...
Wann kann ich die Brille abholen?	¿Cuándo puedo recoger las gafas?
Ich brauche ... Aufbewahrungslösung Reinigungslösung für harte/weiche Kontaktlinsen.	Necesito ... líquido para conservar lentillas detergente para lentes de contacto duras/blandas.
Ich suche ... eine Sonnenbrille. ein Fernglas.	Quisiera ... unas gafas de sol. unos prismáticos.

SCHMUCKWAREN	JOYAS Y BISUTERÍA
Meine Uhr geht nicht mehr. Können Sie mal nachsehen?	Mi reloj no funciona. ¿Puede usted mirar lo que tiene?
Ich möchte ... ein hübsches Andenken. ein hübsches Geschenk.	Quisiera ... un recuerdo bonito. un regalo bonito.
Wieviel wollen Sie ausgeben?	¿Cuánto quiere usted gastar aproximadamente?
Ich möchte etwas nicht zu Teures.	Quisiera algo que no sea demasiado caro.

Anhänger	el colgante
Armband	pulsera, el brazalete
~uhr	el reloj de pulsera
Brosche	el broche
Gold	oro
Kette	el collar, cadena
Kristall	el cristal (de roca)
Modeschmuck	bisutería
Ohrringe	los pendientes (*Am* los aretes)
Perle	perla
Ring	anillo
Schmuck	las joyas
Silber	plata

SCHREIBWAREN | PAPELERÍA

Ich hätte gern ...	Quisiera ...
eine deutsche Zeitung.	un periódico alemán.
eine Illustrierte.	una revista.
einen Reiseführer.	una guía.

Ansichtskarte	la postal
Bleistift	el lápiz, lapicero
Brief|marke	sello (*Am* estampilla)
~papier	el papel de escribir
~umschlag	el sobre
Farbstift	pintura, el lápiz de color
Füllfederhalter	pluma (estilográfica)
Geschenkpapier	el papel de regalo
Illustrierte	revista (ilustrada)
Klebstoff	la goma, el pegamín
Kugelschreiber	bolígrafo (*Am* lapicero de bolilla)
Landkarte	el mapa
Notiz|block	el bloc/la libreta de apuntes
~buch	agenda, libreta de apuntes
Papier	el papel
Radiergummi	goma de borrar
Reiseführer	guía
Roman	novela
Spielkarten	las cartas, baraja
Stadtplan	plano de la ciudad
Straßenkarte	el mapa de carreteras
Taschenbuch	libro de bolsillo
Tesafilm®	cinta celo (*Am* cinta adhesiva)
Wanderkarte	el mapa de excursiones
Zeichenblock	el bloc/el cuaderno de dibujo
Zeitschrift	revista
Zeitung	periódico

TABAKWAREN | ESTANCO (*Am* TABAQUERÍA)

Ein Päckchen/Eine Stange ... Zigaretten mit/ohne Filter, bitte.	Un paquete/Un cartón de cigarrillos ... con/sin filtro, por favor.
Zehn Zigarren/Zigarillos, bitte.	Déme diez puros (*Am* cigarros)/puritos (*Am* cigarros pequeños), por favor.
Ein Päckchen Zigaretten-/Pfeifentabak, bitte.	Un paquete de tabaco/de tabaco de pipa, por favor.
Eine Schachtel Streichhölzer/Ein Feuerzeug, bitte.	Una caja de cerillas (*Am* fósforos)/Un mechero (*Am* encendedor), por favor.

Ein Doppelzimmer, bitte

Können Sie mir bitte ... empfehlen?	Perdón, señor/señora/señorita. ¿Podría usted indicarme ...
ein Hotel	un hotel?
eine Pension	una pensión?
ein Privatzimmer	una habitación particular?
Gibt es hier ...	¿Hay por aquí ...
eine Jugendherberge?	un albergue juvenil?
einen Campingplatz?	un cámping?

... IM HOTEL

REZEPTION — LA RECEPCIÓN

Ich habe bei Ihnen ein Zimmer reserviert. Mein Name ist ...	He reservado aquí una habitación. Me llamo ...
Haben Sie noch Zimmer frei ...	¿Tienen ustedes habitaciones libres ...
... für eine Nacht?	... para una noche?
... für zwei Tage?	... para dos días?
... für eine Woche?	... para una semana?
Nein, wir sind leider vollständig belegt.	Lo siento, señor/señora/señorita, está todo ocupado.
Ja, was für ein Zimmer wünschen Sie?	Sí. ¿Qué clase de habitación desea usted?
ein Einzelzimmer	una habitación individual
ein Doppelzimmer	una habitación doble
mit Dusche	con ducha
mit Bad	con baño
mit Balkon	con balcón
ein ruhiges Zimmer	una habitación tranquila
mit Blick aufs Meer	con vistas al mar
straßenseitig gelegen	que dé a la calle

Kann ich das Zimmer ansehen?	¿Podría ver la habitación?
Können Sie noch ... ein weiteres Bett Kinderbett dazustellen?	¿Pueden ustedes poner ... otra cama? una cama para un niño?
Was kostet das Zimmer mit ... Frühstück? Halbpension? Vollpension?	¿Cuánto cuesta la habitación con ... desayuno? media pensión? pensión completa?
Wollen Sie bitte den Anmeldeschein ausfüllen?	¿Quiere hacer el favor de rellenar el formulario de inscripción?
Bitte lassen Sie das Gepäck auf mein Zimmer bringen.	¿Pueden llevar el equipaje a mi habitación?
Hat das Hotel ... ein Schwimmbad? einen eigenen Strand?	¿Tiene el hotel ... una piscina? una playa propia?
Ab wann gibt es Frühstück?	¿Desde qué hora se puede desayunar?
Wo ist der Speisesaal?	¿Dónde está el comedor?

Frühstück: ESSEN & TRINKEN, → S. 35

Wecken Sie mich bitte morgen früh um ... Uhr.	Haga el favor de despertarme mañana a las ...
Bitte meinen Schlüssel.	Mi llave, por favor.

BEANSTANDUNGEN — RECLAMACIONES

Das Zimmer ist nicht gereinigt worden.	La habitación no está limpia.
Die Dusche ... Die Spülung ... Die Heizung ... Das Licht ... Der Fernseher ... funktioniert nicht.	La ducha ... El agua del wáter ... La calefacción ... La luz ... El televisor ... no funciona.
Es kommt kein (warmes) Wasser.	No sale agua (caliente).
Die Toilette/Das Waschbecken ist verstopft.	El wáter/El lavabo está atascado (*Am* tapado).

ABREISE	PARTIDA
Ich reise heute abend/ morgen um ... Uhr ab.	Me marcho esta tarde/mañana a las ...
Machen Sie bitte die Rechnung fertig.	Prepáreme la cuenta, por favor.
Nehmen Sie ... deutsches Geld? Euroschecks?	¿Aceptan ustedes ... dinero alemán? eurocheques?
Vielen Dank für alles. Auf Wiedersehen.	Muchas gracias por todo. Adiós.

Abendessen	cena
Anmeldung	la recepción
Aufzug	el ascensor
Bade|wanne	bañera, baño
~zimmer	cuarto de baño
Bett	cama
~decke	colcha; *(wollene)* manta
~wäsche	ropa de cama
Dusche	ducha
Empfangshalle	el hall
Etage	piso
Fenster	ventana
Fernseher	el televisor
Fernsehraum	sala de televisión
Frühstück	desayuno
Frühstücks|büfett	el bufete libre (para desayunar)
~raum	sala de desayuno
Halbpension	media pensión
Handtuch	toalla
Hauptsaison	temporada alta
Heizung	la calefacción
Kinder|betreuung	guardería infantil
~bett	cama de niño
Kleiderbügel	percha
Klimaanlage	el aire acondicionado
Kopfkissen	almohada
Lampe	lámpara
Mittagessen	comida, almuerzo
Nachsaison	temporada baja
Nachttisch	mesita de noche
~lampe	lámpara de mesa de noche
Pension	la pensión
Portier	portero
Radio	la radio
reinigen	limpiar
Reservierung	reserva

Rezeption	la recepción
Safe	caja fuerte
Schlüssel	la llave
Schrank	armario
Speisesaal	el comedor
Spiegel	espejo
Steckdose	(caja de) el enchufe
Stecker	clavija de enchufe
Toilette	los servicios, baño
Toilettenpapier	el papel higiénico
Übernachtung	alojamiento
Vollpension	la pensión completa
Vorsaison	temporada baja
Waschbecken	lavabo
Wasser	(el) agua
kaltes ~	(el) agua fría
warmes ~	(el) agua caliente
~hahn	grifo *(Am* canilla)
Zimmer	la habitación *(Am* pieza)
~mädchen	camarera (del hotel)
Zwischenstecker	el enchufe intermedio

... IM FERIENHAUS

Ist der Strom-/Wasserverbrauch im Mietpreis enthalten?	¿Está incluido en el alquiler el precio de la electricidad/del agua?
Sind Haustiere erlaubt?	¿Admiten ustedes animales domésticos?
Wo bekommen wir die Schlüssel für das Haus?	¿Dónde nos entregan las llaves para la casa?
Müssen wir die Endreinigung selbst übernehmen?	¿Tenemos que encargarnos nosotros de la limpieza final?

Anreisetag	el día de llegada
Appartement	apartamento (*Am* departamento)
Bungalow	el bungalow
Etagenbett	las literas
Ferien|anlage	la urbanización de vacaciones
~haus	casa de vacaciones
~wohnung	piso *(Am* apartamento) de vacaciones
Geschirrhandtuch	paño de cocina

Haus|besitzer	dueño de la casa
~tiere	los animales domésticos
Herd	cocina
Kaffeemaschine	cafetera
Kochnische	el rincón-cocina
Kühlschrank	nevera
Miete	el alquiler
Müll	basura
Nebenkosten	los gastos adicionales
Schlaf|couch	el sofá-cama
~zimmer	dormitorio
Strom	la corriente, la electricidad
Toaster	el tostador
vermieten	alquilar
Waschmaschine	lavadora
Wohnzimmer	cuarto de estar

... AUF DEM CAMPINGPLATZ

Haben Sie noch Platz für einen Wohnwagen/ein Zelt?	¿Tienen ustedes sitio para un coche-vivienda (*Am* una casa rodante)/una tienda (*Am* una carpa)?
Wie hoch ist die Gebühr pro Tag und Person?	¿Cuánto cuesta por día y por persona?
Wie hoch ist die Gebühr für ...	¿Cuánto se paga por ...
das Auto?	un coche?
den Wohnwagen/das Wohnmobil?	un coche-vivienda (*Am* una casa rodante)/una autocaravana?
das Zelt?	una tienda (*Am* una carpa)?
Wir bleiben ... Tage/ Wochen.	Pensamos quedarnos ... días/semanas.
Gibt es hier ein Lebensmittelgeschäft?	¿Hay aquí una tienda de comestibles?
Wo sind ...	¿Dónde están ...
die Toiletten?	los servicios?
die Waschräume?	los lavabos?
die Duschen?	las duchas?
Gibt es hier Stromanschluß?	¿Hay aquí corriente eléctrica?
Haben Sie 220 oder 110 Volt?	¿La corriente es de 220 o de 110 voltios?
Wo kann ich Gasflaschen umtauschen?	¿Dónde puedo cambiar botellas de butano (*Am* garrafas de gas)?

Benutzungsgebühr	tasa de utilización
Camping	el cámping
~führer	guía de campings
~platz	el cámping
Gas|flasche	bombona (*Am* garrafa) de gas
~kocher	horno de gas
Geschirrspülbecken	fregadero
Hering *(Zeltpflock)*	el piquete
Kinderspielplatz	el parque de recreo infantil
Kocher	hornillo, horno
leihen	prestar; *(sich ausleihen)* pedir prestado
Leihgebühr	(derechos de) alquiler
Petroleumlampe	lámpara de petróleo
Steckdose	(caja de) el enchufe
Stecker	clavija de enchufe
Strom	la corriente, la electricidad
~anschluß	toma de corriente
Trinkwasser	(el) agua potable
Wasser	(el) agua
Wohn|mobil	autocaravana
~wagen	caravana, el coche vivienda (*Am* casa rodante)
Zelt	tienda de campaña (*Am* carpa)
zelten	acampar, hacer cámping
Zeltstange	palo de tienda de campaña (*Am* de carpa)

... IN DER JUGENDHERBERGE

Kann ich bei Ihnen Bettwäsche/einen Schlafsack leihen?	¿Me pueden prestar ropa de cama/un saco de dormir?
Die Eingangstür wird um 24 Uhr abgeschlossen.	La puerta de entrada se cierra a medianoche.

Jugendherberge	el albergue juvenil
Jugendherbergsausweis .	el carnet de albergues juveniles
Mitgliedskarte	tarjeta/el carnet de socio
Schlaf|saal	dormitorio
~sack	saco de dormir
Studentenwohnheim	residencia estudiantil, colegio mayor
Tagesraum	sala de estar
Waschraum	los lavabos

Rein ins Vergnügen!

BAR/DISKOTHEK/ NACHTCLUB	BAR/DISCOTECA/CLUB NOCTURNO
Was kann man hier abends unternehmen?	¿Qué se puede hacer por aquí por las tardes?
Gibt es hier eine gemütliche Kneipe?	¿Hay por aquí un bar/una taberna acogedor/-a?
Wo kann man hier tanzen gehen?	¿Dónde se puede ir aquí a bailar?
Ein Whisky-Soda, bitte.	Un whisky con soda, por favor.
Das gleiche noch einmal.	Otra vez lo mismo.
Diese Runde übernehme ich.	Esta ronda corre de mi cuenta.
Wollen wir (noch einmal) tanzen?	¿Bailamos (otra vez)?

ausgehen	salir
Band	banda, conjunto
Bar	dinero efectivo, moneda contante
Discjockey	el/la pinchadiscos
Diskothek	discoteca
Folkloremusik	música de baile
Kneipe	taberna
Live-Musik	música en directo
Nachtclub	el club nocturno
Show	espectáculo
Spielcasino	casino
tanzen	bailar
Tanz|kapelle	orquesta de baile
~musik	música de baile

Hasta la vista!

Ein typischer Ausdruck, den allerdings nur Ausländer verwenden. Spanier würden diesen Ausdruck nicht gebrauchen. Sie sagen eher *"Hasta luego!" („Bis bald!")*

THEATER/KONZERT/KINO	TEATRO/CONCIERTO/CINE
Haben Sie einen Veranstaltungskalender für diese Woche?	¿Tienen ustedes un programa de espectáculos para esta semana?
Welches Stück wird heute abend (im Theater) gespielt?	¿Qué hay esta tarde (en el teatro)?
Können Sie mir ein gutes Theaterstück empfehlen?	¿Puede usted recomendarme una buena obra de teatro?
Wann beginnt die Vorstellung?	¿A qué hora comienza la representación?
Wo bekommt man Karten?	¿Dónde se pueden adquirir los billetes (*Am* boletos)?
Bitte zwei Karten für heute abend.	Dos entradas (*Am* boletos) para esta tarde, por favor.
Bitte zwei Plätze zu ...	Dos entradas para ..., por favor.
Kann ich bitte ein Programm haben?	¿Me puede dar un programa?
Wo ist die Garderobe?	¿Dónde está el guardarropa?

Ballett	el ballet
Dirigent	el director (de orquesta)
Eintrittskarte	entrada, el billete
Festival	el festival
Film	película, el film(e)
Garderobe	el guardarropa
Kabarett	el cabaré, el cabaret
Kasse	caja
Kino	el cine
Komponist/in	el compositor/compositora
Konzert	concierto
Musical	comedia musical, el musical
Oper	ópera
Pause	entreacto, descanso
Premiere	estreno
Programm(heft)	el programa
Schauspiel	espectáculo; teatro
Theater	teatro
Variété	teatro de variedades
Veranstaltungskalender	calendario de actos
Vorstellung	espectáculo, la sesión
Vorverkauf	venta anticipada
Zirkus	circo

Wie weit ist es zum Strand?

IM SCHWIMMBAD/ AM STRAND	EN LA PISCINA/EN LA PLAYA
Gibt es hier ein ... Freibad? Hallenbad? Thermalbad?	¿Hay aquí ... una piscina al aire libre? una piscina cubierta? una piscina termal?

Nur für Schwimmer!	¡Sólo para nadadores!
Hineinspringen verboten!	¡Prohibido saltar al agua/zambullirse!
Baden verboten!	¡Prohibido bañarse!

Gibt es hier Seeigel/ Quallen?	¿Hay aquí erizos de mar/medusas?
Ist die Strömung stark?	¿Es fuerte la corriente?
Ist es für Kinder gefährlich?	¿Es peligroso para los niños?
Wann ist Ebbe/Flut?	¿A qué hora es la marea baja/alta?
Ich möchte ... mieten. ein Boot ein Paar Wasserski	Quisiera alquilar ... una barca. un par de esquíes náuticos.
Was kostet es pro Stunde/ Tag?	¿Cuánto cuesta por hora/por día?

SPORT	DEPORTES
Welche Sportmöglichkeiten gibt es hier?	¿Qué posibilidades hay aquí de hacer deporte?
Gibt es hier ... einen Golfplatz? einen Tennisplatz?	¿Hay aquí ... un campo de golf? una pista (*Am* cancha) de tenis?
Wo kann man hier angeln?	¿Dónde se puede pescar a caña?

Ich möchte für ... Tage/ eine Woche ein Fahrrad mieten.	Quisiera alquilar por ... días/ una semana una bicicleta.
Ich möchte eine Bergtour machen.	Quisiera hacer una excursión por las montañas.
Können Sie mir eine interessante Route auf der Karte zeigen?	¿Puede usted indicarme en el mapa un itinerario interesante?
Wo kann ich ... ausleihen?	¿Dónde puedo tomar prestado ...?
Ich möchte einen ...kurs machen.	Me gustaría hacer un curso de ...
Kann ich mitspielen?	¿Puedo jugar yo también?

Anfänger/in .... el/la principiante
Angel .... caña de pescar
~schein .... licencia de pesca
Bademeister/in .... bañero
Ball .... pelota, *(großer ~)* el balón
Basketball .... baloncesto
Bergsteigen .... alpinismo
Bootsverleih .... el aquiler de barcas
Dusche .... ducha
Eintrittskarte .... entrada, el billete (*Am* boleto)
Eis|bahn .... pista de hielo
~hockey .... el hockey sobre hielo
Ergebnis .... resultado
Fallschirmspringen ...... paracaidismo
Federball .... el rehilete, el volante
FKK-Strand .... playa nudista
Freibad .... piscina al aire libre
Fußball .... el fútbol
~mannschaft .... equipo de fútbol
~platz .... campo (*Am* cancha) de fútbol
~spiel .... partido de fútbol
gewinnen .... ganar
Golf .... el golf
~platz .... campo de golf
~schläger .... raqueta de golf
Gymnastik .... gimnasia
Handball .... balonmano
Hochseefischen .... pesca marítima, pesca de altura
Kanu .... canoa, piragua
Kasse .... caja
Konditionstraining ...... la preparación física
Kurs .... curso
Langlauf .... carrera de fondo

Leichtathletik	atlética ligera
Luftmatratze	el colchón neumático
Mannschaft	equipo
Meisterschaft	campeonato
Minigolf	el minigolf
Motorboot	(lancha) motora
Netz	la red
Nichtschwimmer	no nadadores
Programm	el programa
radfahren	montar (*Am* andar) en bicicleta
Rad | rennen	carrera ciclista
~tour	la excursión en bici(cleta)
Regatta	regata
reiten	montar a caballo
Reitsport	la equitación
Rennen	carrera
Ruderboot	barca de remos
rudern	remar
Sand	arena
Sauna	sauna
Schiedsrichter	árbitro
Schlauchboot	el bote neumático
Schlepplift	el telearrastre
Schlitten	trineo
~fahren	montar en trineo
Schlittschuhe	las botas de patinaje
Schnorchel	el (tubo) respirador
Schwimmbad	piscina (*Am* pileta)
Schwimmen	la natación
Schwimmer	nadadores
Schwimm | flügel	los flotadores
~ring	el flotador
Segel | boot	barco de vela
~fliegen	volar a vela
Segeln	la navegación a vela
Seilbahn	el funicular, teleférico
Sessellift	el telesilla
Sieg	victoria
Ski	el esquí
~laufen	esquiar
Solarium	solario
Sonnenschirm	sombrilla
Spiel	juego, partido
Sportler/in	el/la deportista
Sportplatz	campo (*Am* cancha) de deportes
Sprungbrett	el trampolín
Squash	el squash
Start	salida, partida
Surfbrett	tabla deslizadora/de surf

Surfen	practicar el surf
tauchen	bucear
Taucherausrüstung	equipo de buceo
Tennis	el tenis
~schläger	raqueta (de tenis)
Tischtennis	el ping-pong, el tenis de mesa
Tor	portería
~wart	portero
Tretboot	barca de pedales
Turnen	gimnasia
unentschieden	empatado(s)
verlieren	perder
Volleyball	el balón-volea
Wandern	excursionismo, pedestrismo
Wanderweg	sendero (para excursiones a pie)
Wasserball	waterpolo
Wellenreiten	el patinaje sobre las olas, el surfing
Wettkampf	la competición

Für die Kleinsten das Größte

Gibt es auch Kinderportionen?	¿Tienen ustedes también platos especiales para niños?
Könnten Sie mir bitte das Fläschchen warmmachen?	¿Me podría calentar el biberón, por favor?
Haben Sie einen Wickelraum?	¿Tiene algún cuarto para cambiar los pañales?
Wo kann ich stillen?	¿Dónde podría amamantar al bebé?
Bitte bringen Sie noch einen Kinderstuhl.	Por favor, traiga otra silla alta para niño.
Gibt es hier einen Kinderspielplatz?	¿Hay aquí un parque infantil?

Babysitter	el/la canguro, el/la babysitter
Fläschchenwärmer	el calientabiberón
Kinderautositz	el asiento de seguridad para niños
Kinderbetreuung	la guardería infantil
Kinderermäßigung	la reducción para niños
Kinderkrankenhaus	la clínica pediátrica
Kindernahrung	el alimento para niños
Planschbecken	piscina para niños
Schnuller	el chupete
Schwimmflügel	los flotadores (para los brazos)
Schwimmring	el flotador
Spielkameraden/innen	los compañeros, las compañeras
Spielplatz	el parque infantil
Spielsachen	los juguetes
Wickeltisch	la mesa para cambiar los pañales

Von Kind zu Kind

Wie heißt du?	¿Cómo te llamas?
Ich heiße ...	Me llamo ...
Woher kommst du?	¿De dónde eres?
Ich komme aus ...	Soy de ...
Willst du mit mir spielen?	¿Quieres jugar conmigo?

Strand
playa
Burg
castillo
WELLE
Sonnenschirm
sombrilla
Umziehkabine
cabina
1 2 3
Eiskrem
helado
Bademeister
bañero
Segelboot
velero
Schaufel
pala
Handtuch
toalla
Floß
balsa
Ball
el balón
Wasser
el agua

Bäckerei
panadería
Auto
el coche
Straße
la calle
Polizei
policía
Ampel
semáforo
Hund
perro
Unfall
el accidente
Fahrrad
bicicleta
Feuerwehr
los bomberos
Straßenbahn
el tranvía

Von A wie Arzt bis Z wie Zoll

ARZT | MÉDICO

Beim Arzt	En la consulta del médico
Können Sie mir einen guten ... empfehlen?	¿Puede usted indicarme un buen ...
Arzt	médico
Augenarzt	oculista
Frauenarzt	ginecólogo
Hals-Nasen-Ohren-Arzt	otorrinolaringólogo
Hautarzt	dermatólogo
Kinderarzt	puericultor, pediatra
Nervenarzt	neurólogo
Praktischen Arzt	médico (general)
Urologen	urólogo
Zahnarzt	dentista?
Wo ist seine Praxis?	¿Dónde está la consulta (*Am* el consultorio)?
Was für Beschwerden haben Sie?	¿Qué molestias siente?
Ich habe Fieber.	Tengo fiebre.
Mir ist oft schlecht.	Me siento mal con frecuencia.
Mir ist schwindelig.	Me mareo.
Ich bin ohnmächtig geworden.	Me he desmayado.
Ich bin stark erkältet.	Estoy muy resfriado.
Ich habe ...	Tengo ...
Kopfschmerzen.	dolor de cabeza.
Halsschmerzen.	dolor de garganta.
Husten.	tos.
Ich bin gestochen/gebissen worden.	Tengo una picadura/mordedura.

la recepción (Empfang)

la sala de espera (Wartezimmer)

el consultorio (Sprechzimmer)

Ich habe Durchfall/Verstopfung.	Tengo colitis/estreñimiento.
Ich habe mich verletzt.	Me he hecho una herida.
Wo tut es weh?	¿Dónde le duele?
Ich habe hier Schmerzen.	Me duele aquí.
Ich bin Diabetiker.	Soy diabético.
Ich bin schwanger.	Estoy embarazada.
Es ist nichts Ernstes.	No es nada grave.
Können Sie mir bitte etwas gegen ... geben?	¿Podría usted darme algo contra ...?
Normalerweise nehme ich ...	Normalmente tomo ...

Beim Zahnarzt	**En la consulta del dentista**
Ich habe (starke) Zahnschmerzen.	Tengo (mucho) dolor de muelas.
Dieser Zahn (oben/unten/vorn/hinten) tut weh.	Me duele este diente (arriba/abajo/delante/atrás).
Ich habe eine Füllung verloren.	Se me ha perdido un empaste (*Am* una tapadura).
Mir ist ein Zahn abgebrochen.	Se me ha roto un diente.
Ich muß ihn plombieren.	Tengo que empastárselo.
Ich muß ihn ziehen.	Tengo que sacárselo.
Geben Sie mir bitte eine/keine Spritze.	Póngame/No me ponga una inyección.

Im Krankenhaus	**En el hospital**
Wie lange muß ich hier bleiben?	¿Cuánto tiempo tendré que quedarme aquí?
Wann darf ich aufstehen?	¿Cuándo podré levantarme?

Abszeß	absceso
Aids	el sida
Allergie	alergia
ansteckend	contagioso
Arm	brazo
Asthma	el asma
Atembeschwerden	(las) dificultades de respiración
atmen	respirar
Auge	ojo
Ausschlag	la erupción cutánea

Bänderriß	rotura de ligamentos
Bauch	el vientre
Bein	pierna
bewußtlos	desmayado, desvanecido
Blähungen	flato
Blase	vejiga
Blinddarm	el apéndice
Blut	la sangre
~druck	la presión atmosférica
~vergiftung	la intoxicación de la sangre
bluten	sangrar
Bronchitis	la bronquitis
Bruch	*(Leisten~)* hernia; *(Knochen~)* fractura
Brust	pecho
Bypass	el bypass
Chirurg/in	cirujano/cirujana
Darm	intestino
Diabetes	la diabetes
Durchfall	diarrea
Eiter	el pus
Entzündung	la inflamación
erbrechen, sich	vomitar, devolver
erkälten, sich	resfriarse
Facharzt	el especialista
Fehlgeburt	aborto (no provocado)
Fieber	la fiebre
Finger	dedo
Fuß	el pie
Gallenblase	la vesícula
gebrochen	roto
Gehirn	cerebro
~erschütterung	la conmoción cerebral
~schlag	apoplejía, hemorragia cerebral
Gelbsucht	ictericia
Gelenk	la articulación
Geschlechts|krankheit	la enfermedad venérea
~organe	los órganos genitales
geschwollen	hinchado
Geschwür	úlcera
Gesicht	cara, rostro
Grippe	la gripe
Hals	cuello; *(Kehle)* garganta
~schmerzen	el dolor de garganta
Hand	la mano
Haut	la piel
Herz	el corazón
~anfall	el ataque cardíaco
~beschwerden	(los) trastornos cardíacos

~fehler	defecto cardíaco
~infarkt	infarto cardíaco
~schrittmacher	el marcapasos
Hexenschuß	lumbago
Hüfte	cadera
Husten	la tos
Impfung	vacuna
Infektion	la infección
Ischias	ciática
Kiefer	mandíbula
Kinderlähmung	la polio(mielitis)
Knie	rodilla
Knöchel	tobillo
Knochen	hueso
~bruch	fractura
Kolik	cólico
Kopf	cabeza
~schmerzen	el dolor de cabeza
Krampf	el calambre, espasmo
krank	enfermo
Kranken|haus	el hospital, clínica
~schein	el volante del seguro
~schwester	enfermera
Krankheit	la enfermedad
Krebs	el cáncer
Kreislaufstörung	(los) trastornos de la circulación
Lähmung	la parálisis
Lebensmittelvergiftung	la intoxicación
Leber	hígado
Leistenbruch	hernia (inguinal)
Lippe	el labio
Loch *(im Zahn)*	agujero (en el diente)
Lunge	el pulmón
Magen	estómago
~schmerzen	el dolor de estómago
Mandeln	las amígdalas
Masern	el sarampión
Menstruation	la menstruación, el período
Migräne	jaqueca
Mittelohrentzündung	la otitis media
Mumps	las paperas
Mund	boca
Muskel	músculo
Narbe	la cicatriz
Narkose	anestesia
Nase	la nariz
Nerv	nervio
nervös	nervioso
Niere	el riñón

Nieren|entzündung	la nefritis
~stein	cálculo renal
Ohnmacht	desmayo
Ohr	oreja

Eine Mücke im Ohr?!

Stellen Sie sich ein Zugtier vor, das von einer Mücke im Ohr geplagt wird, und Sie verstehen, wie *"estar con la mosca en la oreja"* zu der Bedeutung kommt, geladen, also voller Wut zu sein.

Operation	la operación
Plombe	el empaste, (*Am* la tapadura)
Pocken	viruela
Praxis	consulta
Prellung	la contusión
Prothese	la prótesis
Puls	pulso
Quetschung	la contusión, magulladura
Rheuma	el reúma
Rippe	costilla
röntgen	hacer una radiografía
Röteln	rubeola
Rücken	espalda
~schmerzen	(los) dolores de espalda
Rückgrat	columna vertebral
Salmonellen	(las) salmonelas
Schädel	cráneo
Scharlach	escarlatina
Schienbein	tibia, espinilla
Schlaflosigkeit	insomnio
Schlaganfall	el ataque de apoplejía
Schlüsselbein	clavícula
Schmerzen	los dolores
Schnittwunde	la herida, el corte
Schnupfen	constipado, (*Am* resfrío)
Schulter	hombro
Schüttelfrost	escalofríos
Schwellung	la hinchazón
Schwindel	mareo, vértigo
Sonnenstich	la insolación
Speiseröhre	esófago
Sprechstunde	consulta
Spritze	la inyección
Station	la sección
Stich	picadura; pinchazo
Stirnhöhlenentzündung	la sinusitis
Stuhlgang	la deposición
Tetanus	tétano

Trommelfell	tímpano
Typhus	el tifus
Übelkeit	(las) náuseas
Ultraschalluntersuchung	reconocimiento con ultrasonido
Unterleib	el vientre, el abdomen
Untersuchung	el examen
Urin	orina
Verband	(los) vendajes
verbinden	vendar
Verbrennung	quemadura
Verdauung	la digestión
Verdauungsstörung	la indigestión
Vergiftung	el envenenamiento, la intoxicación
verletzen	herir
Verletzung	herida
verschreiben	recetar, prescribir
verstaucht	dislocado
Verstopfung	estreñimiento
Virus	el virus
Wartezimmer	sala de espera
weh tun	doler
Windpocken	varicela
Wirbelsäule	columna vertebral
Wunde	herida
Zahn	el diente
Zehe	el dedo del pie
Zerrung	la distensión
ziehen *(Zahn)*	sacar
Zunge	lengua

BANK/GELDWECHSEL — BANCO/CAMBIO

Wo ist hier bitte eine Bank/eine Wechselstube?	Por favor, ¿dónde hay por aquí un banco/una oficina de cambio?
Ich möchte ... DM (Schilling, Schweizer Franken) in Peseten (Pesos) wechseln.	Quisiera cambiar ... marcos (chelines, francos suizos) en pesetas (pesos).
Wie ist heute der Wechselkurs?	¿Cómo está hoy el cambio?
Ich möchte diesen Reisescheck/diesen Euroscheck einlösen.	Quisiera cobrar este cheque de viaje/eurocheque.
Auf welchen Betrag kann ich ihn maximal ausstellen?	¿Cuál es el importe máximo posible?

Ihre Scheckkarte, bitte.	Su tarjeta de cheques, por favor.
Darf ich bitte Ihren Paß/ Ausweis sehen?	¿Puedo ver su pasaporte/carnet de identidad?
Würden Sie bitte hier unterschreiben?	¿Quiere firmar aquí, por favor?
Gehen Sie bitte zur Kasse.	Vaya a la caja.

auszahlen	pagar
Bank	banco
Betrag	el importe, suma
D-Mark	marco alemán
Euroscheck	el eurocheque
Formular	impreso, formulario
Geheimzahl	número secreto, la clave
Geld	dinero
~automat	cajero automático
~schein	el billete (de banco)
~wechsel	cambio
Kleingeld	(las) monedas, dinero suelto
Kreditkarte	tarjeta de crédito
Kurs	(tipo de) cambio
Münze	moneda
Reisescheck	el cheque de viaje
Schalter	la ventanilla (*Am* boletería)
Scheck	el cheque
~karte	tarjeta de cheques
Schilling	el chelín austríaco
Schweizer Franken	franco suizo
umtauschen	cambiar
Unterschrift	firma
Währung	moneda
Wechsel|kurs	tipo de cambio
~stube	oficina de cambio
Zahlung	pago

FUNDBÜRO — OFICINA DE OBJETOS PERDIDOS

Wo ist das Fundbüro, bitte?	Por favor, ¿dónde está la oficina de objetos perdidos?
Ich habe ... verloren.	He perdido ...
Ich habe meine Handtasche im Zug vergessen.	He olvidado mi bolso en el tren.
Benachrichtigen Sie mich bitte, wenn sie abgegeben werden sollte.	Haga el favor de avisarme si lo devuelven.
Hier ist meine Hotelanschrift/Heimatadresse.	Aquí tiene la dirección de mi hotel/ de mi casa.

NAHVERKEHR / (TREN) TRÁFICO DE CERCANÍAS

Bitte, wo ist die nächste ...	Por favor, ¿dónde está la próxima ...
Bushaltestelle?	parada del autobús?
Straßenbahnhaltestelle?	parada del tranvía?
U-Bahnstation?	parada/estación del metro?
Welche Linie fährt nach ...?	¿Cuál es la línea que va a ..., por favor?
Wann/Wo fährt der Bus ab?	¿Cuándo/De dónde sale el autobús?
In welche Richtung muß ich fahren?	¿Qué dirección tengo que tomar?
Wo muß ich aussteigen/umsteigen?	¿Dónde tengo que bajar/cambiar?
Wo kann ich den Fahrschein kaufen?	¿Dónde puedo comprar el billete (*Am* boleto)?
Bitte, einen Fahrschein nach ...	Un billete (*Am* boleto) a ..., por favor.

Abfahrt	salida
aussteigen	bajar
Bus	el autobús
~bahnhof	la estación de autobuses
einsteigen	subir
Endstation	la estación final
Fahr|er	el conductor
~kartenautomat	máquina expendedora de billetes (*Am* boletos)
~plan	horario
~preis	precio del billete
~schein	el billete (*Am* boleto)
halten	parar
Haltestelle	parada
Innenstadt	centro (de la ciudad)
Knopf drücken	apretar el botón
Kontrolleur	el revisor
lösen *(Fahrschein)*	sacar (un billete)
Nahverkehrszug	el tren de cercanías
Netzkarte	(tarjeta de) abono
Richtung	la dirección
Schaffner	el revisor
Straße	la calle
Straßenbahn	el tranvía
Tageskarte	abono diario, el billete válido para un solo día
U-Bahn	metro
Wochenkarte	el billete semanal

POLIZEI	POLICÍA
Wo ist bitte das nächste Polizeirevier?	Por favor, ¿dónde está la comisaría de policía más cercana?
Ich möchte einen Diebstahl/Unfall anzeigen.	Quiero denunciar un robo/un accidente.
Mir ist ... gestohlen worden.	Me han robado ...
die Handtasche	el bolso.
die Brieftasche	la cartera.
mein Fotoapparat	mi cámara fotográfica.
mein Auto	mi coche.
mein Fahrrad	mi bicicleta.
Mein Auto ist aufgebrochen worden.	Me han forzado la puerta del coche.
Aus meinem Auto ist ... gestohlen worden.	Me han robado del coche ...
Ich habe ... verloren.	He perdido ...
Mein Sohn/Meine Tochter ist verschwunden.	Ha desaparecido mi hijo/mi hija.
Können Sie mir bitte helfen?	¿Puede usted ayudarme, por favor?
Wir werden der Sache nachgehen.	Nosotros nos ocuparemos de ello.
Ihren Namen und Ihre Anschrift, bitte.	Por favor, su nombre y dirección.
Wenden Sie sich bitte an das deutsche/österreichische/Schweizer Konsulat.	Por favor, diríjase al consulado alemán/austríaco/suizo.

anzeigen	denunciar
aufbrechen	forzar, violentar
Auto|radio	la autorradio
~schlüssel	las llaves del coche
belästigen	molestar, importunar
beschlagnahmen	confiscar
Brieftasche	cartera
Dieb	el ladrón
~stahl	robo
Gefängnis	la cárcel
Geld	dinero
~börse	monedero
Gericht	el tribunal
Papiere	los documentos
Personalausweis	el carnet de identidad

Polizei	policía
Polizist/in	el/la policía
Rauschgift	las drogas
Rechtsanwalt/anwältin	abogado/abogada
Reisepaß	el pasaporte
Richter/in	juez/jueza
Scheck	el cheque
~karte	tarjeta de cheques
Taschendieb	ratero, el ladrón
Überfall	la agresión; el asalto (a un banco)
Verbrechen	el crimen
Vergewaltigung	la violación
verhaften	arrestar
verlieren	perder
zusammenschlagen	golpear, pegar

POST — CORREOS

Wo ist ...	¿Dónde está ...
das nächste Postamt?	la oficina de correos más cercana?
der nächste Briefkasten?	el buzón más cercano?
Was kostet ein Brief/eine Ansichtskarte ...	¿Cuánto cuesta una carta/una postal ...
nach Deutschland?	para Alemania?
nach Österreich?	para Austria?
in die Schweiz?	para Suiza?
Diesen Brief bitte per ...	Quisiera enviar esta carta ...
Luftpost.	por correo aéreo.
Express.	urgente.
Wie lange braucht ein Brief nach Deutschland?	¿Cuánto tarda en llegar una carta a Alemania?

Absender	el/la remitente
Adresse	la dirección
aufgeben	enviar, expedir
Bestimmungsort	destino
Brief	carta
~kasten	el buzón
~marke	sello (*Am* estampilla)
~umschlag	el sobre
Eilbrief	carta urgente, expreso
Empfänger	destinatario
Formular	impreso, formulario
frankieren	franquear
Gebühr	tarifa

Gewicht	peso
Hauptpostamt	Oficina Central de Correos
Leerung	recogida
Luftpost, mit	por correo aéreo
Paket	el paquete
Porto	franqueo
Post|amt	oficina de correos
~karte	la postal
~leitzahl	código postal
Schalter	la ventanilla (*Am* boletería)
Vordruck	formulario, impreso

TAXI — EL TAXI

Wo ist der nächste Taxistand?	Perdón, señor/señora/señorita, ¿dónde está la parada de taxis más cercana?
Zum Bahnhof.	A la estación.
Zum ... Hotel.	Al hotel ...
In die ...-Straße.	A la calle ...
Nach ..., bitte.	A ..., por favor.
Wieviel kostet es nach ...?	¿Cuánto cuesta hasta ...?
Halten Sie bitte hier.	Pare aquí, por favor.
Das ist für Sie.	Para usted.

Fahrpreis	tarifa
Taxi|fahrer	el/la taxista
~stand	parada de taxis
Trinkgeld	propina

TELEFONIEREN — TELÉFONOS

Dürfte ich wohl Ihr Telefon benutzen?	¿Podría utilizar su teléfono, por favor?
Wo ist die nächste Telefonzelle?	¿Dónde está la cabina telefónica más próxima?
Können Sie mir bitte eine Telefonmünze/Telefonkarte geben?	¿Me puede dar una ficha (telefónica)/una tarjeta telefónica?
Haben Sie ein Telefonbuch von ...?	¿Tienen aquí una guía telefónica de ...?
Wie ist die Vorwahl von ...?	¿Cuál es el prefijo de ...?

Bitte ein Ferngespräch nach ...	Una llamada a larga distancia con ..., por favor.
Ich möchte ein R-Gespräch anmelden.	Una llamada a cobro revertido, por favor.
Gehen Sie in Kabine Nr. ...	Pase a la cabina número ...
Hier spricht ...	Soy ...
Mit wem spreche ich?	¿Con quién hablo?
Kann ich bitte Herrn/ Frau/Fräulein ... sprechen?	¿Puedo hablar con el señor/la señora/la señorita ...?
Am Apparat.	Al aparato.
Tut mir leid, er/sie ist nicht da.	Lo siento, no está aquí.
Wann wird er/sie zurück sein?	¿Cuándo volverá?
Kann er/sie Sie zurückrufen?	Puede él/ella volver a llamar?
Ja, meine Nummer ist ...	Sí, mi número es ...
Würden Sie ihm/ihr bitte sagen, ich hätte angerufen?	¿Podría decirle que he llamado?

abnehmen .... descolgar
Anruf .... llamada telefónica
anrufen .... llamar por teléfono, telefonear
Auskunft .... la información
Auslandsgespräch .... llamada internacional
besetzt .... ocupado, comunicando
durchwählen .... llamar directamente
Ferngespräch .... llamada interurbana/de larga distancia
Gebühr .... tarifa
Gebühreneinheit .... paso (de contador)
Gespräch .... la conversación
Hörer .... el receptor
Münzfernsprecher .... cabina telefónica
Ortsgespräch .... llamada urbana
R-Gespräch .... llamada a cobro revertido
Telefon .... teléfono
~buch .... guía telefónica
~gespräch .... llamada telefóncia
~karte .... tarjeta telefónica
~nummer .... número de teléfono
~zelle .... cabina telefónica
Verbindung .... la comunicación
Vermittlung .... centralita de teléfonos, la central
Vorwahlnummer .... prefijo
wählen .... marcar (el número)

ZOLL/PASSKONTROLLE | ADUANAS/CONTROL DE PASAPORTES

Ihren Paß, bitte!	**Su pasaporte, por favor.**
Ihr Paß ist abgelaufen.	Su pasaporte está caducado.
Haben Sie ein Visum?	¿Tiene usted un visado (*Am* una visa)?
Kann ich das Visum hier bekommen?	¿Puedo conseguir un visado (*Am* una visa) aquí mismo?
Haben Sie etwas zu verzollen?	**¿Tiene usted algo que declarar?**
Fahren Sie bitte rechts/links heran.	Aparque aquí a la derecha/a la izquierda, por favor.
Öffnen Sie bitte ...	¿Quiere abrir ..., por favor?
den Kofferraum.	el portaequipajes (*Am* baúl)
diesen Koffer.	esta maleta (*Am* valija)
Muß ich das verzollen?	¿Hay que pagar derechos de aduana por esto?

Ausfuhr	la exportación
ausreisen	salir (de un país)
Einfuhr	la importación
einreisen	entrar (en el país)
Familien|name	el apellido
~stand	estado civil
ledig	soltero
verheiratet	casado
verwitwet	(*Mann*) viudo; (*Frau*) viuda
Führerschein	permiso/el carnet de conducir
Geburts|datum	fecha de nacimiento
~name	el nombre de soltera
~ort	el lugar de nacimiento
Grenzübergang	frontera
gültig	válido
Nationalitätskennzeichen	placa de nacionalidad
Nummernschild	(placa de) matrícula
Paßkontrolle	el control de pasaporte
Personalausweis	el carnet/documento de identidad (*Am* cédula personal)
Reisepaß	el pasaporte
Sichtvermerk	el visado (*Am* la visa)
Staatsangehörigkeit	la nacionalidad
Tollwut	rabia
Visum	visado (*Am* visa)
Vorname	el nombre (de pila)
Wohnort	domicilio
Zoll	aduana
~beamter	funcionario de aduanas
~frei	exento de derechos de aduana
~pflichtig	sujeto a derechos de aduana

Bloß nicht!

Diese Ausdrücke sollten Sie kennen, damit Sie wissen, wie Ihr Gesprächspartner Sie eventuell betitelt. Vorsicht: Für die Folgen eines unsachgemäßen Gebrauchs kann der Verlag nicht haftbar gemacht werden!

¡No se ponga fresco conmigo!	Werden Sie bloß nicht frech!
¡Ya estoy harto/-a!	Mir reicht's!
¡Vete a freír espárragos!	Scher dich zum Teufel!
¡Lárgate!	Hau ab!
¿Qué demonios es eso?	Was zum Teufel soll das?
¡Gilipollas!	Blödmann!
¡Estúpido!, ¡Imbécil!, ¡Idiota!	Vollidiot!
¡Bruja!	Dumme Nuß!
¡Cabrón!, ¡Hijo de puta!, ¡Pajero!	Arschloch!
¡Joder!, ¡Hostia!	Verdammte Scheiße!
¡Estoy jodido/-a!	Ich bin am Arsch!

Gurken und Rettiche, und was sie Ihnen wert sind:

¡eso me importa un pepino/rábano! (wörtlich: *„das juckt mich eine Gurke/einen Rettich!"*) bedeutet *„das ist mir schnurzegal!"*

„Haben“ und „Sein“

	ser	estar	sein	haber	tener	haben
yo	soy	estoy	ich bin	he	tengo	ich habe
tú	eres	estás	du bist	has	tienes	du hast
él ella usted	es	está	er ist sie ist Sie sind	ha	tiene	er hat sie hat Sie haben
nosotros, -as	somos	estamos	wir sind	hemos	tenemos	wir haben
vosotros, -as	sois	estáis	ihr seid	habéis	tenéis	ihr habt
ellos ellas ustedes	son	están	sie sind sie sind Sie sind	han	tienen	sie haben sie haben Sie haben
	sido	estado	gewesen	(habido)	tenido	gehabt

- *Ser* = wesentliche, dauerhafte, charakteristische Eigenschaften; *Ser* wird vor Substantiven gebraucht; wird verwendet für die Angabe von: Uhrzeit, Tag, Beruf, Verwandtschaft, Staatsangehörigkeit, Religion. Z. B.:
  La puerta **es de madera**. — Die Tür ist aus Holz.
  Vámonos, ya **es la una**. — Gehen wir, es ist schon 1 Uhr.

- *Estar* = irgendwo „sein“, „liegen“, „stehen“; sich befinden, sich fühlen; vor Adjektiv oder Partizip: vorübergehende Eigenschaft, Zustand, stattgefundene Veränderungen, z. B.:
  Fernando **está en Berlin.** — Fernando ist in Berlin.
  La sopa **está** muy **salada**. — Die Suppe ist sehr salzig.

- *Haber* wird nur für die zusammengesetzten Zeiten gebraucht.
  Hemos comido bien. — Wir haben gut gegessen.

- *Tener (besitzen)*: ¿**Tienes** dinero? — Hast du Geld?

- Das Personalpronomen (persönliches Fürwort) wird nur gebraucht, wenn es betont werden soll, denn die Endungen bezeichnen in der Regel die Person.

- Als Höflichkeitsform verwendet man die
  3. Person Einzahl, wenn man eine Person anredet, und die
  3. Person Mehrzahl, wenn man mit mehreren Personen spricht:
  ¿Qué tal **está** usted, señor Pérez? — Wie geht's Ihnen, Herr Pérez?
  ¿**Tienen** ustedes todavía tiempo? — Haben Sie noch Zeit?

Die 1333 wichtigsten Wörter

Die hinter der spanischen Übersetzung aufgeführten Zahlen verweisen auf die entsprechenden Seiten der themenbezogenen Kapitel.

A

ab de, desde
abbestellen *(Zimmer)* cancelar; *(Fahr-, Flugkarten)* anular
Abend la tarde; *(nach Einbruch der Dunkelheit)* la noche
aber pero
Abfahrt salida, partida → 26, 77
Abflug el despegue → 24
ablaufen *(Zeit)* pasar, transcurrir
ablehnen rechazar, rehusar
Abreise salida, partida → 57
abreisen (nach) salir/partir (para)
Abschied despedida → 11
abschleppen remolcar → 21
Absender el/la remitente → 79
abwärts hacia abajo
Achtung la atención, cuidado
Adresse las señas, la dirección → 79
Algen las algas
alle todos
allein solo
alles todo
als *(zeitlich)* cuando; *(bei Vergleich)* que
als ob como si
also así; entonces
alt viejo; *(aus früheren Zeiten)* antiguo
Alter la edad → 8
Amt oficina
an a, en
anbieten ofrecer
Andalusien Andalucía
Andalusier, andalusisch andaluz
andere, der ~ el otro
anderer, ein ~ otro
ändern cambiar, variar
anders *(adj)* distinto, diferente; *(adv)* de otra manera/forma
Anfang principio, comienzo
Angst miedo
anhalten parar
ankommen llegar → 27
Ankunft llegada → 25
Anmeldung la recepción
Anreisetag el día de llegada
Anruf llamada telefónica → 80 f.
anrufen llamar por teléfono, telefonear
Anschluß el empalme → 25
Anschrift la dirección, las señas
anstatt en vez de, en lugar de
anstrengend fatigoso
antworten responder, contestar
Apotheke farmacia → 44 f.
Appetit apetito
arbeiten trabajar
ärgern, s. ~ **(über)** enfadarse (por)
arm pobre
Art modo, manera
Arzt médico → 70 ff.
Asturien Asturias
Atlantik Atlántico
auch también
auch nicht tampoco
auf sobre, en, por; *(offen)* abierto
aufbrechen forzar, violentar → 78
Aufenthalt estancia, *(Am)* estadía; *(Zug)* parada → 27
aufgeben *(Gepäck)* facturar → 26; *(Post)* enviar → 79
aufhören acabar, terminar
aufpassen (auf) tener cuidado (de/con)
aufstehen levantarse
Augenblick momento
aus *(Herkunft)* de; *(Material)* de; *(Grund)* por
Ausfahrt *(Autobahn~)* salida (de autopista)
Ausflug la excursión → 29
Ausgang salida
Auskunft la información → 17, 24, 26, 81
Auskunftsstelle oficina de información
Ausländer extranjero
außen fuera
außer excepto
außerdem además, aparte de eso
Aussicht vista → 29
aussprechen pronunciar
aussteigen bajar → 27
Ausweis *(Personal~)* tarjeta/el carnet de identidad
Auto el coche, el automóvil → 17 ff.
Auto fahren conducir, *(Am)* manejar
Autopapiere la documentación de coche

B

Baby el bebé → 67
Badeort la estación balnearia
Bahnhof la estación → 26
bald pronto → 14
Balearen las (Islas) Baleares

Ball pelota; *(Fest)* el baile
Band, das ~ cinta; **der** ~ tomo
Bank banco → 75 f.
Bar el bar → 61
Bargeld dinero efectivo, moneda contante
bar zahlen pagar al contado
Baske, Baskin vasco, vasca
Baskenland las Vascongadas
Baskisch *(Sprache)* vasco, vascuence
Baum el árbol
beachten observar, tener en cuenta
Beanstandung la reclamación → 32, 56
beantworten contestar
bedeuten significar
Bedienung servicio
beenden terminar
befinden, s. ~ encontrarse
befreundet sein (mit) ser amigo (de)
befürchten temer
begegnen encontrar
beginnen comenzar
begleiten acompañar
begrüßen saludar → 8
behalten guardar, conservar
Behörde la autoridad pública
bei *(nahe)* junto a, cerca de
beide ambos, los dos
Beileid el pésame
Beispiel ejemplo
beißen morder
beklagen, s. ~ **(über)** quejarse (de)
belästigen molestar, fastidiar → 78
beleidigen ofender
Belgien Bélgica
Belgier/in el /la belga
benachrichtigen avisar, informar
benötigen necesitar
benutzen usar, emplear; *(Verkehrsmittel)* tomar → 24, 26, 77
Benzin gasolina, *(Arg)* nafta → 17
Berg montaña
Beruf la profesión
beruhigen, s. ~ calmarse, tranquilizarse
beschädigen estropear, deteriorar
bescheinigen certificar
beschlagnahmen confiscar
beschließen resolver, decidirse
beschweren, s. ~ **(über)** quejarse (de)
besetzt *(Platz)* ocupado; *(voll)* completo → 27
besichtigen visitar
Besichtigung visita → 29 f.
besitzen poseer
Besitzer propietario
besorgen procurar, proporcionar
bestätigen confirmar
Besteck los cubiertos → 33
Bestellung pedido → 32
bestimmt *adj* determinado, cierto; *adv* seguro
besuchen, jdn ~ visitar a alg, ir a ver a alg → 10
Betrag el importe, suma → 75
betreten entrar en
betrinken, s. ~ emborracharse
betrügen engañar
betrunken borracho, *(Am)* apimpado; *(leicht)* alegre, bebido, *(Am)* alegrón
Bett cama → 56
Bewohner el habitante
bewußtlos desmayado, desvanecido → 72
bezahlen pagar
Biene abeja
Bild pintura, cuadro
billig barato
bis hasta
bißchen, ein ~ un poco
bitte por favor; *(nach Dank)* de nada, no hay de qué → 7, 9
Bitte el favor, ruego → 9
bitten, jdn um etw ~ pedir algo a alg
blau azul
bleiben quedarse
Blitz relámpago; *(Foto)* el flash → 16, 47
Blume la flor
Blut la sangre → 72
Boden suelo; *(Fuß~)* piso
Boot barca, el bote, lancha → 64
böse malo; *(verärgert)* enfadado
Botschaft *(dipl. Vertretung)* embajada
Brand incendio, fuego
brauchen necesitar
brechen romper
breit ancho
Bremse freno → 18
brennen arder
Brief carta → 79
Brieftasche cartera → 78
Brille las gafas, *(Am)* los lentes → 53
bringen *(her~)* traer; *(weg~)* llevar
Bruder hermano
Buch libro
buchstabieren deletrear
Bucht bahía, golfo
Buchung reserva → 25, 28
Büro oficina
Busch mata; *(Urwald)* selva; *(Gestrüpp)* el matorral

C

Café el café
Camping cámping → 59 f.
Chef el jefe
Chilene, chilenisch chileno
Costaricaner, costaricanisch costarricense
Cousin/e el primo/la prima

D

da ahí, *(Ort)* allí, allá; *(Grund)* como, ya que, porque; *(Zeit: als)* cuando; *(dann)* entonces
dafür, ~ **sein** estar en favor de
dagegen, ~ **sein** estar en contra de
daheim en casa
daher por eso/esto/ello
damals entonces
Dame señora
danach después, luego
Dank gracias; *(Dankbarkeit)* agradecimiento → 7, 9
danken dar las gracias, agradecer → 9
dann *(anschließend)* entonces; *(nachher)* después; *(in dem Falle)* entonces, en ese caso
dasein *(anwesend)* estar presente
dasselbe lo mismo

Datum fecha → 14
Dauer la duración
dauern durar
Decke *(Bett~)* manta; *(Zimmer~)* techo
defekt averiado → 18, 21
dein tu
denken an pensar en
denn porque, pues
deshalb por esto/eso/ello
Deutsche, der, die el alemán, la alemana
Deutschland Alemania
dich te, a ti
dick gordo; *(geschwollen)* hinchado
Diebstahl robo → 78
diese(r, -s) esta, este, esto
Ding cosa
dir te, a ti; **mit dir** contigo
Direktor el director
Diskothek discoteca → 61
doch *(Bejahung)* sí, *(Am)* ¿cómo no?; *(aber)* pero, sin embargo
Doktor el doctor, médico
doppelt doble
Dorf aldea, pueblo
draußen fuera, afuera
drin, drinnen dentro
dringend urgente
Drogerie droguería → 46
du tú
dumm tonto, estúpido, bobo, *(Am)* zonzo
dunkel oscuro
dünn delgado
durch por; *(Mittel)* por, mediante; *(Passiv)* por; *(quer ~)* a través de
Durchgang paso, pasaje
Durchreise, auf der ~ de paso
Durchreisevisum visado de tránsito
durchschnittlich *(adj)* medio, mediano; *(adv)* por término medio
dürfen poder
durstig sein tener sed

E

eben *(flach)* llano; *(zeitlich)* hace un momento, ahora mismo
Ebene llanura
echt verdadero, auténtico
Ecke *(außen)* esquina; *(innen)* el rincón
Ecuadorianer, ecuadorianisch ecuatoriano
Ehefrau esposa, la mujer
Ehemann esposo, marido
Ehepaar matrimonio, pareja
Ei huevo → 39
Eigenschaft la cualidad
Eigentümer propietario
eilig de prisa
ein(e) un/uno, una
Einfuhr la importación → 82
Eingang entrada
einige algunos, unos
einigen, s. ~ ponerse de acuerdo
einkaufen comprar, ir de compras → 43 f.
einladen invitar
einmal una vez
einreisen entrar (en el país)
eins uno
einsam solitario, solo
eintreten entrar
Eintrittskarte entrada, el billete → 62, 64
Einwohner el habitante
Eisenbahn el ferrocarril, el tren f.
Elektrohandlung (tienda de) artículos eléctricos → 47
Eltern los padres
Empfang la recepción
Empfänger destinatario → 79
empfehlen recomendar
enden terminar, acabar
endgültig *(adj)* definitivo; *(adv)* definitivamente
endlich finalmente, por fin
England Inglaterra
Engländer/in el inglés/la inglesa
englisch inglés
Enkel/in el nieto/ la nieta
entdecken descubrir
entfernt distante, alejado
entgegengesetzt opuesto, contrario
entlang a lo largo de
entscheiden decidir
entschließen, s. ~ decidirse
Entschluß la decisión, la resolución
entschuldigen, s. ~ disculparse, pedir perdón → 9
Entschuldigung excusa, el perdón; ~! ¡Perdón! → 9
enttäuscht desilusionado
entweder ... oder o ... o
entwickeln desarrollar; *(Foto)* revelar
er él
Erde tierra
Erdgeschoß piso bajo, *(Am)* los bajos
ereignen, s. ~ pasar, suceder, ocurrir
Ereignis suceso, acontecimiento
erfahren oír, saber, enterarse de; *(adj)* experto
erfreut (über) contento (de), satisfecho (de)
Ergebnis resultado → 64
erhalten recibir; *(durch Bemühung)* conseguir, obtener
erhältlich obtenible, en venta
erholen, s. ~ reponerse, descansar
erinnern, jdn an etw ~ recordar algo a alg; **s.** ~ acordarse de, recordar
erkennen reconocer
erklären declarar; *(deutlich machen)* explicar, aclarar
erkundigen, s. ~ informarse
erlauben permitir
Erlaubnis permiso
erledigen arreglar, terminar
Ermäßigung rebaja, descuento → 26
ernst serio; grave
erreichen conseguir, lograr, alcanzar
Ersatz *(Schaden~)* la indemnización; *(Produkt)* repuesto
erschöpft agotado
erschrecken asustar; *(erschrocken sein)* estar asustado
ersetzen sustituir; *(Schaden)* reparar, indemnizar
erst *(zuerst)* primero, en primer lugar; *(nicht früher als)* sólo, *(Am)* recién
Erwachsene(r) adulta, adulto
erzählen contar
Erziehung la educación
es gibt hay
Esel burro, asno

eßbar comestible
Essen comida → 31 ff., 49 f.
etwa aproximadamente, unos/unas
etwas algo; *(ein wenig)* un poco
euch os
euer vuestro
Europa Europa
Europäer/in europeo/europea

F

Fabrik fábrica
fahren ir; *(lenken)* conducir, *(Am)* manejar
Fahrkarte el billete (*Am* boleto) → 26, 77
Fahrplan horario → 27
Fahrrad bicicleta → 17 ff.
Fahrstuhl el ascensor
Fahrt el viaje
fallen caer
falsch falso, incorrecto; *(betrügerisch)* falso
Familie familia
Familienname el apellido → 82
Farbe el color
faul perezoso, holgazán; *(Obst)* podrido
fehlen faltar
Fehler defecto
Feiertag el día de fiesta → 15
Feld campo
Fels roca, peña
Ferien las vacaciones
Ferienhaus casa de vacaciones → 58 f.
Ferngespräch llamada interurbana/de larga distancia → 81
fertig listo
fest firme, fijo; *(hart)* duro; *(dauernd)* resistente
Festland tierra firme → 28
Fett graso, gordo
feucht húmedo
Feuer fuego
Feuerlöscher el extintor
Feuermelder el avisador de incendios
Feuerwehr los bomberos
Film película → 47; el film(e) → 62
finden encontrar
Firma empresa
Fisch el pez; *(als Speise)* el pescado → 36 f.
Flasche botella
Fleisch la carne → 37 f.
Fliege mosca
fliegen volar, ir en avión
fließen correr
flirten coquetear → 10 f.
Flug vuelo → 24 f.
Flugzeug avión → 24 f.
Fluß río
folgen seguir
fordern pedir, exigir
Formular impreso, formulario → 76, 79
fort fuera, ausente
fortsetzen continuar
Foto la foto(grafía) → 47
Fotoartikel los artículos fotográficos → 47
fotografieren hacer/sacar fotos, fotografiar
Frage pregunta; *(Problem)* la cuestión, el problema
fragen preguntar
frankieren franquear → 79
französisch francés
Frau señora; *(vor Vornamen)* doña; *(Ehe~)* esposa, la mujer
Fräulein señorita
frei libre; *(gratis)* gratuito, gratis
fremd forastero; *(ausländisch)* extranjero; *(unbekannt)* desconocido
Fremde, der, die ~ forastero, forastera; *(Ausländer)* extranjero
Fremdenführer el guía (turístico) → 30
Freude alegría
freuen, s. ~ (auf/über) alegrarse (de)
Freund/in el amigo/la amiga
freundlich amable
Freundlichkeit la amabilidad
Friede la paz
frieren tener/pasar frío
frisch fresco; *(neu)* nuevo, reciente; *(Wäsche)* limpio
Friseur *(Damen~/Herren~)* peluquería (de señoras/de caballeros) → 48
froh *(zufrieden)* contento, satisfecho; *(glücklich)* feliz; *(lustig)* alegre, de buen humor
früh temprano
Frühstück desayuno → 35, 56
fühlen sentir
Führer *(Person)* el guía; *(Buch)* la guía
Führerschein permiso/el carnet de conducir
Führung visita guiada → 29
Fundbüro oficina de objetos perdidos → 76
funktionieren funcionar
für para, por
fürchten temer
fürchterlich horrible, terrible, espantoso

G

Gabel el tenedor
Galicien Galicia
Galicier/in gallego/gallega
Galicisch *(Sprache)* gallego
Gang *(Auto)* marcha; *(Durchgang)* el pasaje; *(Essen)* plato → 35 ff.
ganz todo, toda; *(pl)* todos los, todas las; *(vollständig)* completo, entero; *adv* completamente, del todo
Garage el garaje
Garantie garantía
Garten el jardín
Gast el huésped
Gastgeber/in el anfitrión/la anfitriona
Gasthaus/Gasthof fonda, posada
Gebäude edificio → 30
geben dar
Gebet la oración
Gebirge sierra, montaña → 30
geboren nacido
Gebühr tarifa → 79, 81
Geburt nacimiento
gebürtig aus natural de
Geburtsdatum fecha de nacimiento → 82
Geburtsname el nombre de soltera → 82
Geburtsort el lugar de nacimiento → 82
Geburtstag el cumpleaños → 11
Gedanke pensamiento, idea
gefährlich peligroso
Gefallen el placer, gusto
Gefängnis la cárcel → 78
Gefühl sentimiento

gegen contra; *(in Richtung auf, zeitlich)* hacia
Gegend la región, zona
Gegenstand objeto; *(Gesprächs~)* asunto, el tema
Gegenteil lo contrario; **im** ~ al contrario
geheim secreto
gehen ir; *(zu Fuß)* ir a pie, andar
gehören pertenecer a, ser de
Geistlicher el sacerdote, el cura; *(evangelisch)* el pastor
gelb amarillo
Geld dinero → 75, 78
Geldbeutel cartera (*Am* billetera)
Geldstück moneda
Geldwechsel cambio → 75 f.
Gelegenheit la ocasión; *(günstige ~)* la oportunidad
gemeinsam *(adj)* común; *(adv)* en comun, juntos
gemischt mezclado
genau exacto, preciso
genau so ... wie lo mismo ... que
genießen gozar de, disfrutar de
genug bastante, suficiente
geöffnet abierto
Gepäck el equipaje → 25
geradeaus todo seguido/derecho
Gericht plato, comida → 78, 31
gern con gusto, de buena gana
Geruch el olor
Geschäft *(Laden)* tienda → 43 f.; *(Firma, Handel)* negocio
geschehen suceder, pasar, ocurrir
Geschenk regalo
Geschichte historia; *(Erzählung)* cuento
geschlossen cerrado
Geschmack gusto, el sabor
Geschwindigkeit la velocidad
Gesellschaft la sociedad
Gespräch la conversación
gesund sano
Gesundheit la salud
Getränk bebida → 41 f., 50
getrennt separado
Gewicht peso
gewinnen ganar
gewiß *(adj)* cierto, seguro; *(adv)* ciertamente
Gewitter tormenta → 16
gibt, es ~ hay
Gift veneno
giftig venenoso
Gipfel la cumbre, cima
Gitarre guitarra
Glas *(Scheibe)* el cristal, vidrio; *(Trink~)* vaso, copa → 33
Glaube la fe
glauben creer
gleich igual; *(sofort)* immediatamente, enseguida, *(Am)* ahorita
Glück la felicidad; *(Erfolg)* éxito
glücklich feliz, dichoso
Glückwunsch la felicitación, enhorabuena → 11
Gott Dios
Gottesdienst culto; misa → 30
Grab tumba
Grad grado
gratulieren felicitar
grau gris
Grenze frontera, el límite → 82
groß grande; *(Statur)* alto; *(bedeutend)* importante, considerable
Größe *(Umfang)* tamaño; *(Länge)* la longitud; *(Höhe)* altura; *(Kleider~)* talla; *(Schuh~, Hemd~, Hut~)* número
Großmutter abuela
Großvater abuelo
grün verde
Grund la razón, causa; *(Beweggrund)* motivo
Gruppe grupo
grüßen saludar
Guatemalteke, guatemaltekisch guatemalteco
gültig válido → 82
gut *(adj)* bueno, buen; *(adv)* bien

H

Haar pelo → 46, 48
haben *(besitzen)* tener; *(Hilfsverb)* haber
Hafen puerto → 28
halb medio
Halle sala; *(im Hotel)* el hall
hallo! ¡hola!
halt! ¡alto!
halten cumplir, observar; *(stehenbleiben)* detener(se), parar(se); *(dauern)* durar; *(fest~)* sujetar
Haltestelle parada → 77
hart duro
häßlich feo
häufig *(adv)* frecuentemente, a menudo
Haus casa
Hausbesitzer/in propietario/-a (de la casa) → 59
hausgemacht casero → 34
Haushaltswaren los artículos domésticos → 49
heilig santo, sagrado
Heimat patria
heimlich *adj* secreto, oculto; *adv* en secreto, a escondidas
Heimreise regreso (a casa)
heiraten casarse
heiß muy caliente → 16, 34
heißen llamarse
heiter sereno; *(fröhlich)* alegre, de buen humor → 16
Heizung la calefacción → 23, 56
helfen, jdm ~ ayudar a alg
hell claro
herein! ¡adelante!, ¡pase!
hereinkommen entrar
Herr el señor; *(vor Vornamen)* don
heute hoy → 56
hier aquí
Hilfe ayuda; **Erste** ~ los primeros auxilios
Himmel cielo
hinlegen poner; **s.** ~ echarse, acostarse
hinsetzen, s. ~ sentarse
hinter detrás de
Hobby la afición, el hobby
hoch alto
Hochzeit *(Feier)* boda
hoffen esperar
höflich cortés
Höhe altura
Holz madera; *(Brenn~)* leña
Honduraner, honduranisch hondureño

Honorar los honorarios
hören oír
Hotel el hotel → 55 ff.
hübsch guapo, bonito, lindo
Hügel colina
Hund perro
Hunger el hambre
hungrig hambriento
Hütte cabaña, *(Am)* bohío

I

ich yo
Idee idea
ihr *(pers prn)* vosotros, vosotras; *(poss prn, f)* su
Imbiß bocado; merienda
Imbißstube cafetería, el bar; *(am Strand)* chiringuito
immer siempre
imstande sein ser capaz de
in en
inbegriffen incluido
informieren informar
Inhalt contenido
innen dentro
Innenstadt centro (de la ciudad) → 30
innerhalb *(zeitlich)* dentro de, en → 14
Insekt insecto
Insel isla
interessieren, s. ~ (für) interesarse (por)
international internacional
irren, s. ~ equivocarse
Irrtum el error

J

Jahr año
Jahreszeit la estación → 15
jeder cada, todos
jedermann todo el mundo
jedesmal cada vez, siempre
jemand alguien
jetzt ahora → 14
Jugendherberge el albergue juvenil
jung joven
Junge muchacho, chico
Junggeselle soltero

K

Kabine cabina, el camarote → 28
Kaffee el café → 35, 42
Kakerlake cucaracha
kalt frío → 16, 34
Kanal el canal
Kanarische Inseln las Islas Canarias
Kantabrien Cantabria
Kapelle *(Gebäude)* capilla → 30; *(Musik~)* banda, orquesta → 61
kaputt estropeado, roto
Kasse caja; *(Theater~)* taquilla → 62, 64
Kastagnetten las castañuelas
Kastilien Castilla
Kastilier, kastilisch castellano
Katalane, Katalanin el catalán, la catalana
Katalanisch (el) catalán
Katalonien Cataluña
Katze gato
Kauf compra
kaufen comprar
kaum apenas
Kaution fianza, la caución
kein ninguno, ningún
keine(r, -s) nadie
Kellner/in camarero/camarera
kennen conocer
kennenlernen, jdn ~ conocer a alguien → 8
Keramik cerámica
Kind niño
Kino el cine → 62
Kirche iglesia → 30
Kissen el cojín; *(Kopf~)* almohada
Kleidung ropa, los vestidos → 51
klein pequeño; *(Statur)* bajo
Kleingeld (las) monedas, dinero suelto → 76
Klima el clima → 16
Klingel el timbre → 23
klingeln tocar el timbre
klug inteligente, listo
Kneipe taberna → 61
knipsen fotografiar → 47
kochen hacer la comida; *(Wasser)* hervir, cocer; *(Kaffee, Tee)* hacer, preparar
Koffer maleta
Kohle el carbón
Kolumbianer, kolumbianisch colombiano
Kolumbien Colombia
kommen venir, ir
Kompaß brújula
Kondom preservativo, el condón
Konfession la religión, la confesión religiosa
können poder; *(gelernt haben)* saber
Konsulat consulado
Kontakt contacto
kontrollieren controlar
Konzert concierto → 62
Körper cuerpo → 71
kosten costar, valer; *(probieren)* probar
krank enfermo → 70
Krankenhaus el hospital, clínica → 73
Krankenwagen ambulancia
Kreditkarte tarjeta de crédito → 43
Krieg guerra
kritisieren criticar
Kuba Cuba
Kubaner, kubanisch cubano
Küche cocina
kühl fresco
Kultur cultura → 29
Kummer pena; *(Sorge)* la preocupación
kümmern, s. ~ um preocuparse de
Kurs curso; *(Wechsel~)* cambio → 76
Kurve curva → 23
kurz breve, corto
kürzlich hace poco (*Am* recién) → 14
Kuß beso
küssen besar
Küste costa → 28

L

lachen reír(se)
Laden tienda
Lage la situación
Land el país; *(Gegensatz zu Wasser)* tierra

Landgut finca rústica, *(Am)* finca rural
Landhaus casa de campo
Landkarte el mapa → 54
Landschaft el paisaje → 30
lang largo
Länge la longitud
langsam *adj* lento; *adv* despacio, lentamente
langweilig aburrido
Lärm ruido
lassen dejar
lästig pesado, molesto
Lastwagen el camión
laufen correr
laut alto
Lautsprecher el altavoz, *(Am)* el altoparlante
Leben vida
leben vivir
Lebensmittel los comestibles → 31 ff., 49 f.
ledig soltero → 82
leer vacío
legen poner, colocar
leicht fácil; *(Gewicht)* ligero, *(Am)* liviano
leider desgraciadamente
leihen prestar; *(sich ausleihen)* pedir prestado → 60, 64
leise bajo, en voz baja
Leiter, die escalera
Leiter/in , el jefe/la jefa, el director/la directora
lesen leer
letzte(r, -s) última, último
Leute la gente
Licht la luz
lieb bueno
lieben amar, querer
liebenswürdig amable
lieber *(adv)* más bien
Lied la canción
liegen estar, encontrarse; estar echado/acostado
links a la izquierda
Loch agujero; *(Reifen)* pinchazo
Löffel cuchara
Lohn sueldo, salario, paga
Lokal *(Gaststätte)* el restaurante → 31; *(Tanz~)* sala de baile → 61
löschen apagar
Luft el aire → 16
Lüge mentira
lustig alegre; *(erheiternd)* divertido, gracioso

M

machen hacer; *(herstellen)* fabricar; ~ **lassen** mandar hacer
Mädchen muchacha, chica
Mahlzeit comida
Mal la vez; **zweimal** dos veces
man se; uno
manchmal a veces → 14
Mangel *(Fehlen)* falta; *(Fehler)* defecto
Mann hombre; *(Ehe~)* marido, esposo
männlich masculino
Markt mercado → 30, 49
Maschine máquina
Maße las medidas → Umschlag vorne, innen
Medikament medicina, medicamento → 44 f.
Meer el mar
mehr más
mein(e) mi
meinen opinar
Meinung la opinión
Mensch persona, el hombre
merken observar, notar; **s. etw** ~ tomar nota de algo
Messe *(Kirche)* misa; *(Ausstellung)* feria
Messer cuchillo
Mexikaner, mexikanisch mexicano
Mexiko México
mich me, a mí
Miete el alquiler → 59
mieten alquilar
mindestens por lo menos, al menos
minus menos
Minute minuto
mir me, a mí
mißtrauen desconfiar
mißverstehen entender mal, interpretar mal
mit con
mitbringen traer, llevar
mitnehmen llevar(se); llevar consigo
Mittag el mediodía
Mittagessen comida, almuerzo → 31 ff.
mittags a(l) mediodía
Mitte medio, centro
mitteilen comunicar
Mittel medio; *(Heil~)* remedio → 44
Möbel el mueble
Mode moda → 51 f.
modern moderno
mögen *(gern haben)* gustar *(+ Dativ)*; *(wünschen)* querer, desear
möglich posible
Moment momento, el instante
Monat el mes → 15
Mond luna
Morgen mañana → 13
morgens por la mañana
Motor el motor → 18
Motorrad la moto(cicleta) → 17 ff.
Mücke mosquito
müde cansado
Mühe esfuerzo
Müll basura → 59
Münze moneda → 76
Museum museo → 29 f.
Musik música
müssen tener que, deber
Mutter la madre

N

nach después de
Nachbar/in vecino/-a
nachher después, luego
nachmittags por la tarde
Nachricht noticia, aviso
Nachrichten las noticias
nachsehen *(prüfen)* comprobar; *(entschuldigen)* disculpar
nächste(-r, -s) próxima, próximo
Nacht la noche → 14
Nachtclub el club nocturno → 61
nackt desnudo
nahe cercano
Nahverkehr (tren) tráfico de cercanías → 77
Name el nombre → 8, 82
naß mojado, húmedo; *(durchnäßt)* empapado → 16

Nation la nación
Natur naturaleza
natürlich *adj* natural; *adv* naturalmente, *(Am)* ¡cómo no!
neben junto a, al lado de
Neffe sobrino
nehmen tomar
nennen nombrar, llamar
nervös nervioso → 73
nett bonito, lindo; *(freundlich)* amable
neu nuevo; *(kürzlich)* reciente
neugierig curioso
Neuigkeit noticia, la novedad
neulich hace poco, el otro día
Nicaraguaner, nicaraguanisch nicaragüense
nicht no
nicht wahr? ¿(no es) verdad?
Nichte sobrina
nichts nada
nie nunca
nieder, niedrig bajo
niemand nadie
nirgends en ninguna parte
noch todavía, aún
Norden el norte
normal normal
Notausgang salida de emergencia → 25
Notbremse freno de alarma → 27
nötig necesario
Notrufsäule el poste de socorro → 23
Nummer número
nun *(jetzt)* ahora; *(als Einleitung)* bueno, pues
nur sólo, solamente

O

ob si
oben arriba
Ober *(Anrede)* camarero (*Am* mozo) → 32
Obst fruta → 39
oder o
Ofen estufa
offen abierto
öffentlich público
öffnen abrir
Öffnungszeiten horas de apertura
oft frecuentemente, a menudo
ohne sin
ohnmächtig desmayado, sin conocimiento
Öl el aceite → 23, 34
Onkel tío
Organe, innere los órganos → 71 ff.
Ort el lugar
Osten el este
Österreich Austria
Österreicher/in austríaco/austríaca
Ozean océano

P

Paar, ein ~ un par; *(Ehe~)* matrimonio, pareja
Päckchen paquetito
packen *(Koffer)* hacer
Paket el paquete → 80
Panamaer, panamaisch panameño
Panne avería → 18, 23
Papiere documentos → 23, 78
Paraguayer, paraguayisch paraguayo
Park el parque
parken aparcar → 18
Paß el pasaporte
Passagier pasajero → 25, 28
passieren pasar, suceder
Paßkontrolle el control de pasaportes → 82
Pension la pensión → 55 ff.
Person persona
Personal el personal
Personalausweis el carnet/documento de identidad (*Am* cédula personal)
Personalien los datos personales
Peruaner, peruanisch peruano
Pfand prenda
Pflanze planta
Pflicht la obligación, el deber
Platz plaza, sitio; *(Sitz~)* asiento → 30
plötzlich de repente
plus más
Politik política
Polizei policía → 78 f.
Portier portero → 57
Postamt oficina de correos → 79 f.
Preis *(Geld)* precio; *(Sieges~, Gewinn)* premio
Priester el sacerdote, el cura
pro por; ~ **Kopf** por cabeza
Programm el programa → 65
Promille por mil → 23
Prozent por ciento
Prozentsatz el porcentaje
prüfen examinar, controlar
Puertoricaner, puertoricanisch puertorriqueño
pünktlich *(adj)* puntual; *(adv)* puntualmente
putzen limpiar
Pyrenäen (los) Pirineos

Q

Qualität la calidad
Quelle la fuente
quittieren dar recibo

R

Rabatt rebaja, descuento
radfahren montar (*Am* andar) en bicicleta → 17 ff., 65
Radio la radio → 57
Rand orilla, el borde
rasch *(adj)* rápido, *(Am)* ligero; *(adv)* rápidamente, deprisa
Rasen el césped, *(Arg)* pasto
Raststätte el albergue de carretera → 23
raten aconsejar; *(erraten)* adivinar
Rathaus ayuntamiento → 30
rauchen fumar
Raucher fumadores → 25
Raum sala
rechnen calcular
Rechnung cuenta, factura → 33
Rechnungsbetrag el importe de la factura
Recht derecho
recht haben tener razón
rechts a la derecha
rechtzeitig *(adv)* a tiempo, oportunamente
reden hablar

regeln regular, arreglar
Regierung gobierno
regnen llover → 16
reich rico
Reihe fila
reinigen limpiar → 57
Reise el viaje
Reisebüro agencia de viajes
Reiseführer *(Person)* el guía (turístico) → 54; *(Buch)* la guía (turística)
reisen viajar
Reisepaß el pasaporte → 79, 82
Reiseroute itinerario
Reisescheck el cheque de viaje → 76
reklamieren reclamar → 32 f., 56
Reparatur arreglo, la reparación → 18
Reservierung reserva
Rest resto; **~e** las sobras, los restos
Restaurant el restaurante → 31 ff.
retten salvar
Rettungsboot el bote salvavidas → 28
Rezeption la recepción → 55 f.
richtig exacto, preciso; *(geeignet)* adecuado
Richtung la dirección
riechen oler
Risiko riesgo
rot rojo
Route itinerario
Rückkehr vuelta
rufen llamar
Ruhe descanso; *(seelisch)* la paz, la tranquilidad; *(Stille)* silencio, calma
ruhig tranquilo
rund redondo

S

Saal sala
Sache cosa; *(Angelegenheit)* asunto
sagen decir
Saison temporada, la estación; *(Hoch~)* temporada principal
Salvadorianer, salvadorianisch salvadoreño
sammeln coleccionar; *(aufsammeln)* recoger
satt harto, satisfecho
Satz la frase
sauber limpio
schade, es ist ~ es una pena
schaden dañar, hacer daño
Schadenersatz la indemnización
schädlich nocivo, dañino
Schalter *(Bank, Post ...)* la ventanilla (*Am* boletería) → 24, 27, 76, 80
schauen mirar
Scheck el cheque → 75 f.
schenken regalar
Scherz broma, el chiste
schicken enviar, mandar
Schiff barco → 28
Schild, das ~ letrero
schimpfen regañar, insultar
Schirm el paraguas → 52
schlafen dormir
schlank delgado; esbelto
schlecht *(adj)* malo, mal; *(adv)* mal
schließen cerrar
Schloß palacio, castillo; *(Tür)* cerradura → 30
Schlüssel la llave → 56, 58, 78
schmerzen doler
Schmuck las joyas → 53
schmuggeln pasar de contrabando
Schmutz la suciedad; *(Schlamm)* barro
schmutzig sucio
schneiden cortar
schneien nevar
schnell *(adj)* rápido; *(adv)* rápidamente
Schnellimbiß cafetería, el bar; *(am Strand)* chiringuito
schon ya
schön hermoso, bello, lindo
schrecklich horrible
schreiben escribir
Schreibwaren las artículos de escritorio → 54
schreien gritar
Schrift *(Hand~)* escritura
schriftlich por escrito
schüchtern tímido
Schuh zapato → 52
Schuld culpa; *(Geld)* deuda
schulden deber
Schuß tiro
Schutz la protección
schwach débil
Schwager cuñado
Schwägerin cuñada
schwanger embarazada
schwarz negro
Schweigen silencio
Schweiz Suiza
Schweizer/in suizo/suiza
schwer pesado; *(Krankheit)* grave; *(schwierig)* difícil
Schwester hermana; *(Kranken~)* enfermera; *(Ordens~)* monja, hermana
schwierig difícil
Schwimmbad piscina (*Am* pileta)
Schwimmen la natación → 63
schwindlig mareado
schwitzen sudar
See *(Meer)* el mar; **der** ~ lago
Seeigel erizo de mar
sehen ver
Sehenswürdigkeiten los monumentos → 29 f.
sehr muy; *(beim Verb)* mucho
sein *(poss prn m)* su
seit *(Zeitpunkt)* desde, a partir de; *(Zeitraum)* desde hace
Seite lado; *(Buch)* página
Sekunde segundo
Selbstbedienungsladen autoservicio → 44
selten *(adj)* raro; *(adv)* rara vez, raramente
senden enviar, mandar
Sendung *(Radio, Fernsehen)* la emisión
servieren servir
setzen, s. ~ sentarse
Sex sexo
sicher *adj* seguro, cierto; *adv* ciertamente
Sicherheit la seguridad; *(Garantie)* garantía
Sicherung el fusible → 23
Sicht vista
sichtbar visible
sie *(sing)* ella; *(pl)* ellos, ellas
singen cantar
sitzen estar sentado
Skorpion el escorpión
so así
sofort inmediatamente

sogar hasta
Sohn hijo
sollen deber
Sonne el sol → 16
Sonnenbrille las gafas de sol
sonnig soleado → 16
sorgen, ~ für cuidar de, tener cuidado de; **s. ~ um** preocuparse por
Sorte la clase; *(Zigaretten)* marca
Spanien España
Spanier/in el español/la española
spanisch español
Spaß *(Scherz)* broma, el chiste; *(Vergnügen)* la diversión
spät tarde
später *adj* posterior, ulterior; *adv* más tarde
spazierengehen pasear
Speisekarte el menú → 31, 35 ff.
spielen jugar
Spielzeug el juguete
Sport el deporte → 63 f.
Sportplatz campo de deportes
Sprache el idioma, lengua
sprechen hablar
Staat estado
Staatsangehörigkeit la nacionalidad
Stadt la ciudad
Stadtplan plano de la ciudad → 54
Stadtrundfahrt visita de la ciudad, la excursión → 29
stammen proceder, venir (de)
statt en vez de, en lugar de
stattfinden tener lugar
stechen pinchar, picar
stehen estar, estar de pie
stehenbleiben detenerse, pararse
stehlen robar
steigen subir
steil escarpado
Stein piedra
Stelle *(Ort)* el lugar; *(Arbeit)* empleo
stellen poner, colocar
Stellung la posición; *(Anstellung)* empleo
sterben morir
Stern estrella
Stier toro
Stil estilo
still quieto, tranquilo
Stimme la voz
Stockwerk piso
Stoff tela
stören molestar, estorbar
stornieren anular → 25
Störung molestia, estorbo; *(Unterbrechung)* la interrupción
stoßen empujar, dar un golpe a
Strafe castigo; *(Geld~)* multa
Strand playa → 63
Straße la calle; *(Land~)* carretera → 24, 77
Straßenkarte el mapa de carreteras → 24, 54
Strauß *(Blumen~)* ramo
Strecke trayecto, trecho; *(Bahn~)* línea
Strom *(Fluß)* río; *(elektr. ~)* la corriente
Stück pieza, trozo
studieren estudiar
Stuhl silla
Stunde hora → 13 f.; *(Unterrichts~)* la clase
suchen buscar
Südamerika Sudamérica
Südamerikaner/in sudamericano/-a
Süden el sur
Summe suma; el importe
Supermarkt supermercado → 44

T

Tabak tabaco → 54
Tag el día
Tankstelle gasolinera, la estación de servicio → 17 f.
Tante tía
tanzen bailar → 61
Tätigkeit la actividad
tauschen cambiar
täuschen, s. ~ equivocarse
Taxi el taxi
Teil la parte
teilnehmen (an) tomar parte en
Telefon teléfono → 80 f.
telefonieren telefonear → 80 f.
Temperatur temperatura → 16
Termin fecha; *(Frist)* plazo
teuer caro
Theater teatro → 62
tief profundo, hondo; *(niedrig)* bajo
Tier el animal
Tisch mesa
Tochter hija
Tod la muerte
Toilette el retrete, el servicio → 56
Ton sonido, tono; *(Betonung)* acento; *(Farbe)* tono
Topf *(Koch~)* olla, cazuela, puchero
Töpferei alfarería
tot muerto
tragen llevar; *(Kleidung)* llevar (puesto); *(ertragen)* soportar
träumen soñar
traurig triste
treffen encontrar
Treppe escalera
treu fiel
trinken beber, tomar → 31
Trinkgeld propina → 34, 80
Trinkwasser (el) agua potable
trotzdem sin embargo, a pesar de eso
tschüß adiós, hasta luego
tun hacer
Tunnel el túnel
Tür puerta
typisch típico

U

Übelkeit (las) náuseas → 75
über sobre
überall por/en todas partes
überfallen asaltar, atracar
überholen adelantar, pasar
übernachten pernoctar → 55 ff.
überqueren atravesar
überrascht sorprendido
Übersee (el) ultramar
übersetzen traducir
überweisen transferir
Ufer orilla
Uhr *(Armband~)* el reloj de pulsera; *(Wand~)* el reloj de pared

Uhrzeit hora → 13
um *(herum)* alrededor de, en torno a; *(gegen)* hacia; *(Zeitangabe)* a
umarmen abrazar
umbuchen cambiar el vuelo → 24
Umleitung la desviación → 24
umsonst *(gratis)* gratis, gratuito; *(vergeblich)* en balde
umsteigen cambiar de
umtauschen cambiar → 76 f.
Umwelt el (medio) ambiente
umziehen mudarse de casa; **s.** ~ mudarse de ropa, cambiarse de ropa
unbedingt *(adv)* sin falta, absolutamente
unbekannt desconocido
und y
und so weiter etcétera
Unfall el accidente → 19
unfreundlich antipático
ungefähr aproximado
ungern de mala gana
ungesund malsano
ungewiß incierto
Unglück desgracia, el accidente
unglücklich desgraciado
ungültig inválido
unhöflich descortés, mal educado
Unkosten los gastos
unmöglich imposible
unruhig intranquilo, inquieto
uns nos, a nosotros
unschuldig inocente
unser, e nuestro, nuestra
unter bajo, debajo de; *(zwischen)* entre
unterbrechen interrumpir
Unterführung paso subterráneo
Unterhaltung *(Vergnügen)* divertimiento, la diversión → 61 f.
Unterkunft alojamiento
Unterschied diferencia
Unterschrift firma → 76
Untersuchung el examen
unterwegs en (el) camino, en el viaje, de viaje → 17 ff.
unverschämt sinvergüenza, descarado
unwohl indispuesto
Urlaub las vacaciones, permiso
Ursache causa
urteilen juzgar
Uruguayer, uruguayisch uruguayo
Urwald selva virgen

V

Vater el padre
Venezolaner, venezolanisch venezolano
Verabredung cita → 10 f.
verabschieden, s. ~ despedirse
verändern cambiar
Veranstaltung la manifestación; *(Aufführung)* espectáculo → 62
Veranstaltungskalender calendario de actos → 62
verbieten prohibir
verbinden unir; *(tele)* poner en comunicación; *(med)* vendar → 75
Verbindung la relación, contacto; *(tele)* la comunicación → 81 f.
verboten! ¡prohibido!
verdienen ganar; *(wert sein)* merecer
verdorben estropeado; *(faul)* podrido; *(sittlich)* corrompido
vereinbaren convenir, acordar
Verfassung la constitución; *(Zustand)* estado
Vergangenheit pasado
vergessen olvidar
Vergewaltigung la violación → 79
Vergiftung el envenenamiento, la intoxicación → 75
Vergnügen el placer, la diversión → 61 f.
verheiratet (mit) casado (con) → 82
Verhütungsmittel anticonceptivo
verirren, s. ~ extraviarse
Verkauf venta
Verkehr tráfico
Verkehrsbüro oficina de turismo
verlängern alargar; *(zeitlich)* prolongar
verlieren perder → 66, 79
verloben, s. ~ **mit** prometerse con
Verlobte, der/die el prometido/la prometida
Verlust pérdida
vermieten alquilar → 19, 58 f.
versäumen *(verpassen)* perder
verschieben *(zeitlich)* retardar
verschieden diferente, distinto
verschreiben recetar, prescribir → 75
Versehen, aus ~ por equivocación
Versicherung seguro
verspäten, s. ~ retrasarse, llegar tarde
Versprechen promesa
verständigen, jdn ~ informar a alg
Verständigungsschwierigkeiten las dificultades de comprensión
verstehen entender
versuchen intentar, probar; *(Speisen)* probar
Vertrag contrato
verunglücken sufrir un accidente
verwandt pariente, emparentado
verwechseln confundir
Verzeichnis lista, catálogo
verzeihen perdonar, excusar
verzollen declarar
viel mucho
vielleicht quizá(s), tal vez
Visum visado (*Am* visa) → 82
Volk pueblo
voll lleno; *(ganz)* completo, total; *(voll besetzt)* completo
Vollpension la pensión completa → 56
von de; *(Passiv)* por
vor *(räumlich)* delante de; *(zeitlich)* antes de
vor allem sobre todo
voraus, im ~ de antemano
vorbei (por) delante de
vorher antes
vormittags por la mañana → 14
Vorname el nombre (de pila) → 82
Vorort, Vorstadt las afueras
Vorsaison temporada baja → 58
Vorschrift la prescripción
Vorsicht la precaución; ~! ¡cuidado!, ¡atención!
Vorstellung la presentación; *(Theater)* la función, la representación; *(Begriff)* idea → 8, 62
Vorverkauf venta anticipada → 62
Vorwahlnummer prefijo → 80 f.
vorziehen preferir

W

wach despierto
wählen escoger, elegir; *(tele)* marcar; *(Politik)* elegir → 81
wahr verdadero
während *(prp)* durante; *(conj)* mientras (que)
wahrscheinlich *(adj)* probable; *(adv)* probablemente
Währung moneda → 76
Wald el bosque → 30
Wanderkarte el mapa de excursiones → 54
wandern hacer excursiones a pie → 66
warm caliente → 16
warnen (vor) prevenir (contra)
warten esperar
Wartesaal, Wartezimmer sala de espera → 27
was qué
waschen lavar
Wasser (el) agua → 34, 58
wechseln *(Geld)* cambiar
wecken despertar
Weg camino; *(Pfad)* sendero, senda; *(Straße)* carretera, la calle
weg fuera, ausente
wegen por, a causa de
weggehen irse, marcharse
Wegweiser el indicador de camino → 24
weh tun doler
weiblich femenino
weich blando; *(Ton, Farbe)* suave
weigern, s. ~ negarse
weil porque
weinen llorar
weiß blanco
weit *(Gegenteil von eng)* ancho; *(Weg)* largo; *(entfernt)* lejano
Welt mundo
wenig poco; **ein ~ von ...** un poco de ...
weniger menos
wenigstens por lo menos
wenn *(Bedingung)* si; *(zeitlich)* cuando
werden *(Passiv)* ser; *(plötzlich ~)* ponerse; *(etwas ~)* hacerse, llegar a ser
Werkstatt el taller → 18
werktags los días laborables
Wert el valor
Westen el oeste
Wetter tiempo → 16
wichtig importante
wie *(Frage)* cómo; *(Vergleich)* como, igual que
wieder otra vez, de nuevo
wiederholen repetir
wiederkommen volver
wiedersehen volver a ver
wiegen pesar
willkommen bienvenido
wir nosotros
Wirt dueño, el patrón
Woche semana → 14
wohnen vivir, habitar
Wohnort, Wohnsitz domicilio, residencia → 82
Wohnung vivienda, piso, *(Am)* departamento
wollen *(wünschen)* desear, querer
Wort palabra
wünschen desear
wütend rabioso, furioso

Z

Zahl número → vordere Umschlagseite innen
zahlen pagar
Zahlung pago → 76
Zahnarzt el dentista → 70
zeigen enseñar, mostrar; *(hinweisen)* indicar, señalar
Zeit tiempo → 13 ff.
Zeitschrift revista → 54
Zeitung periódico → 44, 54
Zentrum centro
zerbrechlich frágil
zerstören destruir
Zeuge testigo
ziehen tirar → 75
Ziel meta; *(Reise~)* meta de(l) viaje
Zigarette cigarrillo → 54
Zimmer la habitación *(Am* pieza) → 55 ff.
Zoll aduana → 82
zornig furioso, rabioso
zu *(Richtung)* a; *(geschlossen)* cerrado; *(mit adj)* demasiado
zufrieden satisfecho, contento
Zug el tren → 26 f.
zumachen cerrar
zurück (hacia) atrás
zusammen junto(s), junta(s)
zusätzlich suplementario, adicional
zuschauen estar mirando
Zuschlag suplemento → 27
zuschließen cerrar con llave
zuständig responsable, competente
zuviel demasiado
zweifeln an etw dudar de algo
zwischen entre